Three
Lives of
English Saints

EDITED BY
MICHAEL WINTERBOTTOM

Published for the
CENTRE FOR MEDIEVAL STUDIES

by the
PONTIFICAL INSTITUTE OF MEDIAEVAL STUDIES
Toronto

Printed and bound in Canada
by The Hunter Rose Company, 1972

ISBN—0—88844—450—8

PREFACE

The *Toronto Medieval Latin Texts* series is published for the
Centre for Medieval Studies, University of Toronto, by the
Pontifical Institute of Mediaeval Studies. The series is intended
primarily to provide editions suitable for university courses and
curricula, at a price within the range of most students' resources.
Many Medieval Latin texts are available only in expensive
scholarly editions, equipped with full textual apparatus but
with little or no annotation for the student; even more are out
of print, available only in libraries; many interesting texts still
remain unedited.

Editions in this series are usually based on one MS
only, with a minimum of textual apparatus; emendations are
made only where the text fails to make sense, not in order to
restore the author's original version. The effect is to produce
a 'scribal version' of a text — a version that was acceptable to
its scribe and was read and understood by medieval readers.
Editors are required to select their MS with great care,
choosing one that reflects a textual tradition as little removed
from the original as possible, or one that is important for
some other reason (such as a local variant of a text, or a
widely influential version). Manuscript orthography and syntax
are carefully preserved.

The Editorial Board is not merely supervisory: it is
responsible for reviewing all proposals, for examining all
specimens of editors' work and for the final reading of all
editions submitted for publication; it decides on all matters of
editorial policy. Volumes are printed by the process of photo-
offset lithography from camera-ready copy typed on an
IBM Composer.

The General Editor would like to express his thanks

to all those who have generously given their advice and assistance
in the planning of the series: to Professors Angus Cameron,
Ludwig Bieler, Denton Fox, Eric Stanley and James Willis; to
Miss Jean Jamieson of the University of Toronto Press; and
above all to Professor John Leyerle, Director of the Centre
for Medieval Studies, for making available all the resources
and backing of the Centre, but more especially for his own
constant enthusiasm for the project and for his unfailing
personal support.

A. G. R.

ACKNOWLEDGMENTS

This book owes a great deal to the encouragement and expert knowledge of my colleagues James Campbell and Andrew Louth; they are not responsible for any historical or theological naïvetés that remain. I am also grateful to the many librarians who have supplied microfilm of manuscripts in their care and to the Trustees of the British Museum and of the Bibliothèque Nationale for permission to publish these texts.

M. W.

CONTENTS

INTRODUCTION

The three Lives that make up this volume were written within a few years of each other at a time of great importance for the Anglo-Saxon church in England. Monasticism, that had earlier flourished, fell victim to the disorders of the Danish invasions and perhaps to internal vices as well; and by 900 the regular monastic life had virtually disappeared.[1] What Wulfstan reports of Abingdon (ch. 11) will have been typical: 'of old there was a small monastery, but now it was neglected and deserted, with only the meanest of buildings.' The revival of this house was due to the energy of Ethelwold, with the blessing of King Edred; and this co-operation of able churchman and favouring royalty is also typical. In the next but one reign, that of Edgar, Ethelwold, together with Dunstan and Oswald, oversaw a steady increase in the number of monasteries. A meeting at Winchester around 970 agreed on the adoption by them all of a common use, that of contemporary western Europe. Edgar died in 975, Ethelwold in 984, Dunstan in 988, Oswald in 992. The great burst of growth died with them; but the monasteries were strong enough to survive the troubled years that followed, to continue to provide the majority of bishops, and to remain centres of learning and education.

The two Lives of Ethelwold here edited take us into the midst of this notable revolution. Both tell the same story: Ethelwold, born in Winchester, was at Athelstan's court before being ordained and studying under Dunstan at Glastonbury;

---

[1] See in general D. Knowles *The Monastic Order in England* 2nd ed. (Cambridge 1966) 31ff; *Regularis Concordia* ed. T. Symons (London 1953) ix-xxviii; F. M. Stenton *Anglo-Saxon England* 2nd ed. (Oxford 1947) 427ff; E. John *Orbis Britanniae and Other Studies* (Leicester 1966) 154-80.

after his restoration of Abingdon, he returned to the bishopric
of his home town. There is virtually nothing in the shorter
Life, that of Aelfric, that is not to be found also in Wulfstan's.
But both are printed here because of the instructive contrast
in style and because they illustrate so well the attitude of
medieval writers to the task of hagiography. Both authors
were excellently qualified to be independent biographers of
Ethelwold: for both had been Ethelwold's pupils at Winchester
between 963 and 984. In his elaborate preface, Wulfstan tells
us that he is relating 'what I myself saw with my own eyes and
what I have learned from the trustworthy narration of older
persons.' Aelfric's letter to Kenulf, bishop of Winchester,
refers only to 'what I have learned from believers at
Winchester and elsewhere.' Yet, though the relationship of the
two Lives is still uncertain, there can be no doubt that *either*
Wulfstan is expanding Aelfric *or* Aelfric is abbreviating
Wulfstan. Neither gives any hint of complicity in such
procedures, nor would that have been expected: hagiography
was well used to the re-working of previous lives of the same
saint (or even a different one).[1]

No attempt will be made here to decide the question
of priority — the reader may judge for himself;[2] and the
Aelfric Life is only placed first because its simpler style makes
it a suitable introduction to the genre. This simplicity is
typical of the author. From Winchester Aelfric went to teach
monks at Cerne in Dorset; later he was abbot of Eynsham
from 1005 till his death perhaps fifteen years on. The foreword
to Kenulf should give us an exact date for the Life of
Ethelwold: 1006. The bulk of Aelfric's work was in Anglo-
Saxon; but the prefaces to his translations from the Latin give

[1] For the genre see the summary of R. Aigrain *L'Hagiographie* (Paris
1953) 291ff, and also J. de Ghellinck *Littérature latine au moyen
âge* 2 vols. (Paris 1939) I 62-7, 161-9 and II 146-56.

[2] But see the articles by D. J. V. Fisher and myself cited in the
Bibliography.

valuable insight into his stylistic principles. 'I know that words are capable of many different interpretations, but I follow the simple version to avoid putting people off.' Or again: 'I have not always been able to translate word for word, but I have tried hard to give sense for sense, using a simple and clear style so that readers may benefit. Brevity does not always disfigure a work — often it makes it more beautiful.' And yet again: 'I should rather help my readers by using a simple style than be praised for artifice.' All this is more than conventional; and Aelfric puts it into practice in his Life. When he describes his narration as 'brief and unsophisticated', he is conforming to medieval cliché; but he is also telling the truth.

'I have summarily touched on' — this is Wulfstan's corresponding pronouncement; but there is nothing summary about *his* work. His sentences are elaborate, his vocabulary sometimes recherché; he prefers the long to the short word, particularly at the sentence-end, perhaps with a faint idea of imitating the rhythms of papal correspondence. It is not, any more than Aelfric's, a style formed on classical models; it is redolent of biblical phraseology, and wholly typical in its highflown language of contemporary Anglo-Latin *Kunstprosa* as we find it in tenth-century charters and Lives. Aelfric's simplicity goes with the teacher and administrator; Wulfstan's aspirations after the high style are the mark of a man with artistic tastes. He wrote not earlier than the translation of Ethelwold's body in 996. At much the same time he was composing a poem on St. Swithun, the poetic preface to which narrates in very similar language the miracle related in ch. 44 of the Life. According to William of Malmesbury, who is the only witness to the authorship of the Life, Wulfstan was a cantor at Winchester — and so the person mentioned at ch. 42 of the Life. In his poem he describes an organ with technical enthusiasm; it accords with this that he also wrote a book on music (now lost) and perhaps several hymns.

The version of Wulfstan's Life of Ethelwold printed here has not previously been published. I have argued elsewhere that it is the original; and that the Life hitherto attributed to him, and printed in the Patrologia Latina, is a re-working of Wulfstan by the historian Ordericus Vitalis.[1] *That* version is somewhat longer. Apart from various changes of wording, it also contains a long extract from Wulfstan's poem on St. Swithun (itself improved in style and metre) and sentences designed to fit it into its new context in ch. **40**. Unless this new version was itself the work of Wulfstan, we have here a further example of the way saints' lives were passed from hand to hand and were subject to adaptation in style and content.

Part of the interest of the monastic upsurge in tenth-century England lies in its dependence on continental inspiration. Wulfstan (ch. **14**) tells us how Ethelwold 'sent the monk Osgar across the sea to the monastery of St. Benedict at Fleury to learn the customs of the regular life there and teach them to his brothers at home'; and earlier (ch. **10**) we hear of his momentary wish to go abroad himself. Germanus of Winchester spent time at Fleury, before being called by Oswald to take charge of Westbury-on-Trym. The exiled Dunstan lived at the monastery of St. Peter at Ghent. Nor was the traffic only one way. Three years before Dunstan's death, there arrived from Fleury the scholar Abbo. Born around 940, Abbo was sent to the cloister school at Fleury, rose to be a teacher there himself, and wrote works on mathematics and logic. It was as a teacher that his services were requested by the abbey of Ramsey; and while in this lonely monastery in the Fen country Abbo wrote a book on grammar. He stayed only two years (985-7), and soon after his return he was made abbot of Fleury. In this position he remained till his death in 1004, vigorously defending the privileges of his house and cutting a

---

[1] In the article cited in the Bibliography, which gives further details about the manuscripts and about the differences between the versions.

dash on the diplomatic scene. None of his other work is at all like his book on St. Edmund; and he tells us in his prefatory letter to Dunstan how he came to write it. He had been with Dunstan, presumably at Canterbury, and had heard the old man tell the tale of Edmund's martyrdom, which he in turn had heard in his youth from a man who had been with the king on the fatal day in 869. Returning to Ramsey, Abbo was encouraged to set the story down.

This is the interest of his work: it is as near as we can come to an eye-witness account of the last days of Edmund. It is not a biography, though I have followed tradition in calling it a Life, but a Passion;[1] Abbo perhaps knew hardly more than we of ninth-century East Anglia. Abbo restricts himself to relating what he had heard from Dunstan, and as he sent his book to the archbishop before 'publication' it is to be supposed that he took care not to distort the story. There *is* ornament, however. Abbo sketches in a grandiosely phrased historical background, and the speeches made before the martyrdom may have a little surprised Dunstan. Abbo knows nothing of the rest of Edmund's career, and beyond the customary eulogy of his saintly qualities he does not talk of it. What Abbo omits, later centuries invented.[2] By the fourteenth century Edmund has been equipped with a genealogy and a detailed account of his succession to the throne; while the villains of the piece, the Danes Hinguar and Hubba, have been fitted out with fanciful motives for their invasion. The legend — like the fate of the martyr's bones — need not be discussed here. The facts, such as they are, come almost solely from

[1] *T* gives no title. *C*'s heading is INCIPIT AEPISTOLA PASSIONI SANCTI EADMUNDI REGIS PREMISSA; after the letter INCIPIT PASSIO SANCTI EADMUNDI REGIS ET MARTYRIS QUE EST XII KL DECEMBRIS. Much the same appears in *L*.

[2] The growth of the legend has been studied by G. Loomis and D. Whitelock. The relevant texts are conveniently assembled in Lord Francis Hervey's *Corolla*. For details, see Bibliography.

6

Abbo, together with the Anglo-Saxon chronicle for 870 (869): 'In this year the army rode over Mercia into East Anglia, and took winter-quarters at Thetford; and in that winter King Eadmund fought against them, and the Danes gained the victory, and slew the king, and subdued all that land.'

Abbo's style reflects the wider horizons of the continent. A tag from Sulpicius Severus shows that he consciously sets himself in the best hagiographical tradition. He is well acquainted with the rules of rhetoric, and his inflated vocabulary is kept under control in the interests of vigorous invective and vivid description.[1] Wulfstan, as we know from his verse, had a decent knowledge of Virgil and other Roman poets; but he clearly regarded this as irrelevant to the writing of prose. Abbo, while no less steeped than Wulfstan in the language of the bible, looks to classical poetry to ornament his tale. When Edmund discusses with his bishop the ultimatum of the Danes (ch. 8), he echoes the dispossessed rustics of Virgil's ninth *Eclogue*; but it is a memory of Persius that causes him to bend his head and lower his eyes. The bishop, replying, calls the king 'dimidium animae meae'; and this is not the only Horatian tag. The piece as a whole is of the greatest interest; and it gives a further unity to my volume that Aelfric soon translated Abbo's Life into Anglo-Saxon.

Aelfric's Life of St. Ethelwold is preserved, to my knowledge, only in a twelfth-century manuscript in the Bibliothèque Nationale in Paris, latinus 5362, ff. 74r-81r. Two similar and contemporary hands are distinguishable, the change coming at the head of f. 79r. There are two trivial variants added above the line by the scribe himself. Little emendation has been necessary. The text printed rests on my own examination of a microfilm of the manuscript.

[1] See note on 9/27, and odd references in other works of Abbo (Patrologia Latina CXXXIX 432, 572).

Wulfstan's Life is preserved, apart from various later extracts and abridgements, in five manuscripts of the twelfth century. One, Alençon 14, ff. 23r-34v, stands apart from the rest; it contains what I regard as Ordericus Vitalis' re-working of the original Life. A careless transcription is available in the Patrologia Latina. The other four manuscripts are witnesses to what may be called the 'English version', not hitherto available in print. All are apparently independent of each other; for each omits words present in the others and in the Alençon version, while no two seem to share significant errors against the rest. Aelfric's Life is much nearer to this version than to the Alençon text; but there are indications in ch. 12 Wulfstan (= ch. 8 Aelfric) that the 'English version' occasionally diverges from what Wulfstan actually wrote. In other words, the common ancestor of the four English manuscripts was not Wulfstan's autograph but, in all probability, a good copy of it, or conceivably a corrected version of it. A critical edition of Wulfstan would give variants of all five manuscripts and of Aelfric. But for the purposes of this series it has been necessary to rely on *one* manuscript. The Alençon version already being in print, I have chosen to transcribe the best witness to the 'English version', the Cotton manuscript Tiberius D.iv, vol. 2, ff. 272v-281v (*T*), preserved in the British Museum.[1] This does contain readings that certainly do not go back to Wulfstan; some of these, though not all, I remark upon in my Textual Notes. But the other three manuscripts would have been even less reliable in this respect. Indeed one of them, the Cotton manuscript Caligula A.viii, ff. 125r-128v (*Cal.*), is a mere fragment (my chapter 33 *illius sibi* to the end). The other two are also in the British Museum: Cotton Nero E.i, vol. 2, ff. 209v-216v (*N*) and Arundel 169, ff. 88r-95r (*Ar.*). The great disadvantage of *T* is that it was damaged in the disastrous

---

[1] I follow the numbers pencilled on the folios themselves. When the fragments were pasted into new volumes, the numbering became 121v-130v.

Cotton fire of 1731, with the result that some words on the outer edges are illegible or hard to read with certainty. Where this occurs, I have restored the words from *N*, checking against the others; and I do not think that the result will differ materially from *T*'s original text. *T* is written in a clear hand in double columns, and it contains rubricated chapter-headings, which are listed after the preface, often in a different form. The headings appear in the fragment *Cal.*, but not in *N* or *Ar.*; where they are damaged in *T*, I have had to restore them, not always with complete certainty, from the list at the front. My text rests on personal examination of the manuscripts.

Abbo's Life of St. Edmund was far more popular than either of the Ethelwold Lives; but three eleventh-century texts stand out: the Cotton manuscript Tiberius B.ii, ff. 2r-19v (according to the latest numeration) = *T*, the Copenhagen manuscript Gl. kgl. S. 1588, ff. 2r-28r (*C*), and the Lambeth Palace manuscript 362, ff. 1r-12v (*L*). All three share a small number of slips, which may well go back to Abbo's autograph (e.g. **8/37** *nostra*; **17/7** *mortem*). But, over and above this, there is a clear contrast between *T* on the one hand and *CL* on the other. *T* has a number of errors not found in *CL* (e.g. **1/15** inclusion of *nomine*; **16/1** *piger*), while *CL* have a much larger number of errors avoided in *T* (e.g. **9/20** omission of *uero*; **14/17** *ungulas*; **15/37** omission of *furtiue ingredi*; **16/20** *existeret*). Both *C* and *L* show individual errors not found in the other (for *C* e.g. **16/33** *solus*; **17/17** *qua ei*; and for *L* e.g. **16/33** *post* for *preter*; **17/17** *manifesta*). Thus the stemma is:

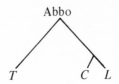

Occasionally individual corrections in *C* or *L* cut across the clear picture. Hence *L* gives *distulisset* correctly at **6/3** where *TC* agree on *detulisset*. But in general an editor's choice would lie between the reading of *T* and that of *CL*. And in most cases he would find *T* superior.[1] It is for this reason that for the purposes of this series I have chosen to rely on *T*. My Textual Notes draw attention to a selection of the places where the reading of *CL* is clearly or conceivably preferable even though *T*'s is tolerable. I have kept to a minimum tampering with *T* on the basis of the other branch of the tradition. *T* is clearly written, though the rubricator has defaulted. The text has been corrected, and in a few cases interpolated, by a much later hand; I give details in my Textual Notes. My text rests on a personal collation of *T, L* and a film of *C*.

Examination of twelfth- and thirteenth-century texts of the Life has not suggested that they have much to offer to an editor.[2] Clearly in the tradition of *T* are Corpus Christi College, Cambridge 42, ff. 19r-25v and two Bodleian manuscripts, Rawlinson C440, ff. 194r-204r and Fairfax 12, ff. 142r-147v. Two closely related abridgements, Cotton Titus A.viii, ff. 65r-78v and the Bodleian manuscript Digby 109, ff. 1r-14v, are clearly related to *T*;[3] I have used the second as a source of emendations not available in the early manuscripts. Clearly in the tradition of *CL* — and doubtless a copy of *L* — is St. John's College, Oxford 149, ff. 60r-72v.

---

[1] Note further that *T* was a Bury manuscript and that Aelfric's translation of Abbo clearly agrees with *T* against *CL* at **16/20** *existit*. Mr. R. M. Thomson tells me that there is a good twelfth-century text from Bury in the Pierpont Morgan Library, New York, but I have not seen this.

[2] Two much later manuscripts are mere transcripts of primary witnesses: Jesus College, Oxford 75 item 30 of *T* and Vienna 7358 of *C*.

[3] The splendid Passional Harley 2802 contains (ff. 226r-227r) extracts from a *CL* text of Abbo.

Of texts showing contamination between the branches, three stand close together: the Bodleian manuscript Fell 2, ff. 125r-136v and the Paris manuscripts lat. 2475, ff. 190v-196v and 5336, ff. 79v-84v. There are four other contaminated Parisini, lat. 3800a, ff. 67r-75v; 5362, ff. 54v-68r; and (close together) 16735, ff. 89r-92r and 17007, ff. 82v-86v. I have notices of other manuscripts, at Dublin, Gotha, Montpellier, Namur and Paris (Mazarine); but I doubt if further research would materially alter the picture. The *recentiores* do indeed seem to be *deteriores.*

All the manuscripts here printed employ *u* for *u/v*, and I have followed them in this. As to the capital of the same letters, their practice is inconsistent. I give *V* where the manuscript gives it, even for a vowel, and *U* where the manuscript gives it, even for a consonant; where modern practice demands capitalisation not used in the manuscript, I print *U* for the vowel, *V* for the consonant. The resulting confusion will give no bad idea of the scribes' usage.

In *T* of Wulfstan some Anglo-Saxon letters are used, and I have reproduced them. In all three manuscripts some words, especially proper names, are given prominence by capitalisation of every letter. I have not followed this practice (and have therefore occasionally had to reproduce Ð by ð in *T* of Wulfstan).

Orthography follows the manuscripts. Words some-times but not always abbreviated are here expanded in the full form given elsewhere by the manuscript in question. ę has always been given as *ae* (sometimes to rather strange effect), except where use of the full form elsewhere shows that the scribe would have expanded *oe* (as in *poenitentia*).

Words in <...> have been supplied to restore deficiencies in the manuscript; words in [...] are to be deleted; other changes are not signalled in the text: the original readings are recorded in the Textual Notes.

The chapter divisions in Wulfstan go back to the manuscript.[1] In Aelfric I have followed the lead of the Rolls Series, in Abbo that of the Patrologia Latina.

[1] The chapters are numbered in the contents list of T up to 45, the scribe having wrongly given two chapters the number 32. The Alençon manuscript is correct on this point.

BIBLIOGRAPHY

St. Ethelwold

Aelfric's Life has been edited by J. Stevenson *Chronicon Monasterii de Abingdon* (= Rolls Series 2 II: published 1858) II 255-66, and independently in the Bollandist *Catalogus Codicum Hagiographicorum Latinorum ... qui asservantur in Bibliotheca Nationali Parisiensi* (Brussels 1889-90) II 356-63. It is translated in *English Historical Documents* I ed. D. Whitelock (London 1955) 832-9. For general survey see M. Manitius *Geschichte der lateinischen Literatur des Mittelalters* II (Munich 1923) 679, 681.

Wulfstan's Life has been edited from the Alençon manuscript by J. Mabillon *Acta Sanctorum Ordinis S. Benedicti* 9 vols. (Paris 1668-1701) VII (= saec. V) 608-24, reprinted in Patrologia Latina CXXXVII 81-104. Survey in Manitius II 442-6. Wulfstan's poem on St. Swithun was edited by A. Campbell in *Frithegodi Monachi Breuiloquium Vitae Beati Wilfredi et Wulfstani Cantoris Narratio Metrica de Sancto Swithuno* (Zurich 1950).

Robinson, J. A. *The Times of St. Dunstan* (Oxford 1923) 104-22
Fisher, D. J. V. 'The Early Biographers of St. Ethelwold' *EHR* 67 (1952) 381-91
Winterbottom, M. 'Three Lives of St. Ethelwold' *MÆ* (forthcoming)

Abbo and St. Edmund

Abbo's Life has been edited from inferior manuscripts by L. Surius *De Vitis Sanctorum* 6 vols. (Venice 1581) VI

148a-150b, reprinted in Patrologia Latina CXXXIX 507-20, and also by T. Arnold *Memorials of St. Edmund's Abbey* (= Rolls Series 96 I: published 1890) I 3-25. The same volume of the Patrologia contains other works of Abbo and his Life by Aimoin of Fleury. Survey in Manitius II 664-72.

Cousin, P. *Abbon de Fleury-sur-Loire* (Paris 1954) [esp. ch. 3]
Hervey, Lord Francis *Corolla Sancti Eadmundi* (London 1907) [helpful collection of texts with translation]
Needham, G. I. *Aelfric: Lives of Three English Saints* (London 1966) [includes Aelfric's *Life of St. Edmund*]
Loomis, G. 'The Growth of the St. Edmund Legend' *Harvard Studies ... in Philology and Literature* 14 (1932) 83-113
    'St. Edmund and the Lodbrok Legend' *HSPL* 15 (1933) 1-23
Whitelock, D. 'Fact and Fiction in the Legend of St. Edmund' *Proceedings of the Suffolk Institute of Archaeology* 31 (1970) 217-33

AELFRIC

Life of St. Ethelwold

Ms Paris, latinus 5362

Incipit prologus in uita sancti A\<the\>luuoldi

1. Alfricus abbas, Wintoniensis alumnus, honorabili
episcopo Kenulfo et fratribus Uuintoniensibus salutem in
Christo.
    Dignum ducens denique aliqua de gestis patris nostri
5 et magnifici doctoris Atheluuoldi memoriae modo commendare,
transactis uidelicet uiginti annis post eius migrationem, breui
quidem narratione meatim sed et rustica, quae apud uos uel
alias a fidelibus didici huic stilo ingero, ne forte penitus propter
inopiam scriptorum obliuioni tradantur. Valete.

Explicit prologus, incipit uita

2. Erant autem parentes sancti Atheluuoldi habitatores
74v ciuitatis Uuentae, tempore / Eaduuerdi regis Anglorum florentes,
eximio Dei dono decorati quo talem meruissent prolem generare,
cuius documentis non solum presentis aeui populi sed etiam
5 futuri caligine caruissent erroris. Ergo felix eius genitrix, dum
in utero eum haberet, huiuscemodi somnium, presagium futuri
effectus, uidit. Visum namque sibi est se sedere pre foribus
domus suae, et adesse obtutibus eius quoddam sublime vexillum,
cuius summitas caelum tangere uideretur, quod inclinando se
10 honorifice circundedit fimbriis propriis inpregnatam. Rursus
itaque mulier oppressa somno eadem nocte uidit quasi auream
aquilam de ore ipsius exire et auolare, tam ingentem ut uideretur

1/1   *Wintoniensis,* of Winchester (Uuenta, Uuintonia)
  2   *Kenulfo,* bishop of Winchester, 1006
  5   *modo:* 'now', explained by the following clause
  7   *rustica:* the modesty is typical of medieval prefaces;
      see E. R. Curtius *European Literature and the Latin
      Middle Ages* trans. W. R. Trask (London 1953) 83-5,
      411-12
  8   *stilo,* composition

2/2   *Eaduuerdi,* king of Wessex and England, 899-924
  10   *propriis = suis*
  12   *ipsius = suo*

tota ciuitas eius auratis pennis obumbrari. Horum autem
somniorum, sicut rei probauit euentus, coniectores facile esse
15 possumus, in sullimi uexillo intelligentes filium eius quem gestabat
in utero signiferum fore militiae Dei, sicut et erat, et in aquila
aurea preclarum uirum, sicut Dominus in euangelio ait 'ubicumque fuerit corpus, illuc congregabuntur et aquile.'

3. Iterum ipsa mater quadam die stans in aecclesia
stipata ciuibus, causa sanctam missam audiendi, sensit uenisse
animam pueri, quem gestabat in utero, et intrasse in eum, sicut
postea ipse sanctus, qui nasciturus erat, iam episcopus, gaudendo
5 nobis narrauit. Ex quo ostenditur eum electum Deo extitisse
etiam antequam nasceretur, et animam hominis non a patre uel
75r a matre uenire sed a solo creatore / unicuique dari.

4. Nato uero infante uocauerunt eum parentes eius
Atheluuoldum, cum sacrosancto baptismate ablueretur. Accidit
namque quadam solenni die, sedente matre domi et in gremio
infantem tenente, tempestuosam auram adsurgere, in tantum
5 ut ipsa, sicuti decreuit, adire aecclesiam nequiret; sed cum
gemebunda orationi se dedisset, subito inuenta est in aecclesia
sedens cum infantulo ubi missam presbiter celebrabat.

5. Creuit autem puer, et in ipsa pueritia sacris litterarum
studiis traditus est. Qui adolescens factus Aetelstano regi, filio
Eadwerdi, fama uulgante notus factus est; et eius comitatui diu
adherens, cum esset acer ingenio, plura a sapientibus regis utilia
5 sibi didicit; et demum, iubente rege, ab Aelfego Uuintoniensi
episcopo tonsoratus et in gradum sacerdotalem consecratus est.

2/17 *ubicumque*: Lc. 17:37

3/6 *animam*: Aelfric contrasts Creationism and Traducianism
(for which see the standard reference books); cf Augustine
Ep. 190.1 'utrum ... animae ut corpora propagatione
nascantur ... an creator ... sine ulla propagine novas
faciat singulis proprias'

5/2 *Aetelstano,* king of Wessex and England, 924-39
5 *Aelfego,* bishop of Winchester, 934-51

Ipse uero Aelfegus prophetie spiritu pollebat; et contigit eum ordinasse simul Dunstanum et Atheluuoldum et quendam, Aetelstanum uocabulo, qui postmodum monachilem habitum
10   deserens apostata fine tenus perdurauit. Post missam autem dixit episcopus Aelfegus sibi adherentibus: 'Hodie consecraui tres sacerdotes, quorum duo ad episcopalem apicem pertingent, alter in mea sede, alter alia diocesi.' Tunc Aethelstanus 'Sum ego' inquit 'ex illis duobus qui ad episcopalem dignitatem
15   peruenturi sunt?' 'Non,' dixit Aelfegus, 'nec in sanctitate quam inchoabas permansurus es': sicut nec fecit.

6.   Atheluuoldus uero, multum melioratus doctrinis et
75v   exemplis Aelfegi, ordinatoris sui, cui iu/bente rege studiose ad tempus adhesit, postmodum Glaestoniam perueniens magnifici uiri Dunstani, abbatis eiusdem monasterii, discipulatui se
5   tradidit. Cuius magisterio multum proficiens, tamdem monastici ordinis habitum ab ipso suscepit, humili deuotione eius regimini deditus. Didicit namque inibi grammaticam artem et metricam et libros diuinos seu auctores, nimium insuper uigiliis et orationibus insistens, et abstinentia semet ipsum edomans, et
10   fratres semper ad ardua exortans.

7.   Elapso denique multo tempore postquam monachilem susceperat gradum, disposuit ultramarinas partes adire, causa imbuendi se sacris libris seu monasticis disciplinis perfectius; sed preuenit uenerabilis regina Eadgiuu, mater regis Eadredi,
5   eius conamina, dans consilium regi ne talem uirum sineret egredi de regno suo. Placuit tunc regi Eadredo, suadente matre sua, dare uenerabili Atheluuoldo quendam locum, uocabulo

5/8   *Dunstanum,* later bishop of Worcester and London, and archbishop of Canterbury

6/3   *Glaestoniam,* Glastonbury

7/4   *Eadgiuu,* third wife of Edward the Elder
     Eadredi, king of Wessex and England, 946-55

Abbandun, in quo monasteriolum habebatur antiquitus, sed
erat tunc destitutum ac neglectum, uilibus edificiis consistens
10 et quadraginta tantum mansas possidens; reliquam uero terram
eiusdem loci (hoc est centum cassatos) prefatus rex iure regali
possidebat. Factumque est, permittente Dunstano, secundum
regis uoluntatem, ut Atheluuoldus prefati loci susciperet curam,
ut in eo scilicet monachos ordinaret regulariter Deo seruientes.
15 Venit ergo predictus seruus Dei ad locum sibi commissum:
quem statim secuti sunt quidam clerici de Glastonia, hoc est
Osgarus, Foldbirchtus, Frithegarus, et Ordbirchtus de Uuintonia,
76r et Eadricus de Lundonia, eius / discipulatui se subdentes.
Congregauitque sibi in breui spatio gregem monachorum,
20 quibus ipse abbas, iubente rege, ordinatus est.

8.   Dedit etiam rex possessionem regalem quam in
Abundonia possederat, hoc est centum cassatos, cum optimis
edificiis, abbati et fratribus ad augmentum cotidiani uictus, et
in pecuniis multum eos iuuit; sed mater eius largius. Venit ergo
5 rex quadam die ad monasterium, ut edificiorum structuram
per se ipsum ordinaret; mensusque est omnia fundamenta
monasterii propria manu, quemadmodum muros erigere decreuerat; rogauitque eum abbas in hospitio cum suis prandere.
Annuit rex ilico; et contigit adesse sibi non paucos uenientes ex
10 gente Northanhymbrorum, qui omnes cum rege adierunt conuiuium. Letatusque est rex, et iussit abunde propinare
hospitibus medonem, clausis foribus, ne quis fugiendo
potationem regalis conuiuii deserere uideretur. Quid multa?
Hauserunt ministri liquorem tota die ad omnem sufficientiam
15 conuiuantibus; sed nequiuit ille liquor exhauriri de uase, nisi ad
mensuram palmi, inebriatis Northanhymbris suatim ac uesperi
recedentibus.

7/8   *Abbandun,* Abingdon
17 *Osgarus,* later abbot of Abingdon (below ch. **17**)

8/13   For this miracle, compare Goscelin of Canterbury's
Vita S. Vulfhilde in *Analecta Bollandiana* 32 (1913) 19,
where Ethelwold is alluded to.

9.　Non cepit tamen abbas designatum sibi opus edificare in diebus Eadredi regis, quia cito obiit, sed regnante Eadgaro honorabile templum in honore sanctae Mariae genitricis Dei semperque uirginis construxit loco et consummauit, quod uisu
5　melius quam sermone ostenditur. Circa haec tempora eligitur Dunstanus ad episcopatum Uuigornensis aecclesiae; et post annorum curricula factus archiepiscopus mansit in Cantia triginta et septem annis, / quasi columpna immobilis, doctrina, elemosinis, prophetia prepollens: ad cuius tumbam etiam
10　frequenter fieri miracula audiuimus.

10.　Atheluuoldus autem misit Osgarum monachum trans mare ad monasterium sancti Benedicti Floriacense, ut mores regulares illic disceret ac domi fratribus docendo ostenderet, quatinus ipse regularem normam secutus, una cum sibi subiectis,
5　deuia quaeque declinans, gregem sibi commissum ad patriam perduceret promissam. In qua congregatione erat quidam frater, Aelfstanus nomine, simplex et magne obedientiae uir, quem abbas iussit preuidere cibaria artificum monasterii; cui seruitio ipse deuotissime se subdens coxit carnes cotidie et operariis
10　ministrabat, focum accendens et aquam adportans et uasa denuo emundans, existimante abbate illum hoc iuuamine ministri peragere. Accidit namque quadam die, dum abbas more solito peragraret monasterium, ut aspiceret illum fratrem stantem iuxta caldarium feruens, preparantem uictualia
15　artificibus, et intrans uidit omnia uasa mundissima ac solum scopatum. Dixit ei hilari uultu: 'O mi frater, hanc oboedientiam mihi furatus es, quam me ignorante exerces. Sed si es talis

76v (margin, line 8)

9/2　*Eadgaro,* king of England, 959-75 (the reign of Eadwig is, significantly, ignored)
4　*loco*: Wulfstan **13** has *in eodem loco*, which is certainly what Aelfric means
6　*Uuigornensis*: 'of Worcester'; Dunstan became bishop in 957
7　*factus*: in 960; as Dunstan died in 988, the number 37 is clearly wrong, though Wulfstan **14** shares the error

10/2　*Floriacense,* of Fleury

miles Christi qualem te ostendis, mitte manum in bullientem
aquam et unum frustum de imis mihi adtrahe.' Qui statim sine
20 mora mittens manum ad imum lebetis abstraxit frustum
feruidum, nil sentiens calorem feruentis aquae. Quo uiso abbas
iussit deponi frustum, et nemini hoc indicare uiuenti. Illum
uero fratrem postmodum abbatem audiuimus factum, et
77r deinde / episcopum Uuintoniensis aecclesiae ueraciter uidimus.

11. Erat namque Atheluuoldus magnus edificator, et dum
esset abbas et cum esset episcopus; unde tetendit ei communis
aduersarius insidias, ita ut quadam die, dum in structura
laboraret, ingens postis super eum caderet et in quandam
5 foueam deiecit confregitque pene omnes costas eius ex uno
latere; et nisi fouea eum susciperet totus quassaretur. Conualuit
tamen de hac molestia Deo auxiliante, et elegit eum Eadgarus
felicissimus rex Anglorum ad episcopatum Uuintoniensis
aecclesiae, antequam aecclesia prefata dedicaretur, et eo iubente
10 ordinauit illum Dunstanus, archiepiscopus Dorouernensis
aecclesiae.

12. Erant autem tunc in ueteri monasterio, ubi cathedra
episcopalis habetur, male morigerati clerici, elatione et insolentia ac luxuria preuenti, adeo ut nonnulli eorum dedignarentur missas suo ordine celebrare, repudiantes uxores
5 quas inlicite duxerant et alias accipientes, gulae et ebrietati

---

10/24 *Uuintoniensis*: an error for *Uuiltuniensis*; for Aelfstan
was bishop of Ramsbury, 970-81

11/2 *communis aduersarius*: i.e. the devil
7 *elegit*: in 963
10 *Dorouernensis,* of Canterbury

12/1 *ueteri monasterio*: the Old Minster. For this and the
contiguous New Minster and Nunnaminster, see the
collection of literary evidence by M. Biddle and
R. N. Quirk in *The Archaeological Journal* 119 (1962)
173ff, with references to earlier articles by Quirk.
For the recent excavations see, most lately, M. Biddle
in *The Antiquaries Journal* 50 (1970) 277ff, with a
summary for the Old Minster on pp. 317ff.

iugiter dediti. Quod minime ferens uir sanctus Atheluuoldus, data licentia a rege Eadgaro, expulit citissime nefandos blasphematores Dei de monasterio, et adducens monachos de Habundonia locauit illic, quibus ipse abbas et episcopus extitit.

13.   Accidit autem, dum monachi uenientes de Abundonia starent ad ingressum aecclesiae, clericos intus finire missam, communionem canendo 'seruite Domino in timore, et exultate ei cum tremore, adprehendite disciplinam, ne pereatis de uia iusta,' quasi dicerent 'nos noluimus Deo / seruire nec disciplinam eius tenere; uos saltem facite, ne sicut nos pereatis.' Monachi uero audientes cantum illorum dixerunt mutuo: 'Cur moramur foris? Ecce ortamur ingredi.'

14.   Misit quoque rex quendam ministrorum suorum famosissimum, Uulfstanum uocabulo, cum episcopo, qui regia auctoritate mandauit clericis ocissime dare locum monachis aut monachicum suscipere habitum. At illi execrantes monachicam uitam ilico exierunt de aecclesia; sed tamen postmodum tres ex illis conuersi sunt ad regularem conuersationem, scilicet Eadsinus, Uulfsinus, Uuilstanus. Nam actenus in gente Anglorum ea tempestate non habebantur monachi nisi in Glastonia et Abundonia.

15.   Dehinc denique, ex inuidia clericorum, datum est episcopo uenenum bibere in sua aula, in qua cum hospitibus prandebat, ut illo extincto libere pristinis quiuissent frui flagitiis. Erat namque ei moris mox post tres aut quattuor offulas propter infirmitatem quid modicum bibere; bibitque nesciens adportatum sibi uenenum omne quod anaphus habebat, et statim in pallorem facies eius immutata est et uiscera eius nimium ui ueneni cruciabantur. Surrexit tunc uix a mensa exiens ad lectulum, serpsitque uenenum per omnia membra

77v   5

5

5

12/7   *expulit*: in 964

13/3   *seruite*: Ps. 2:11-12
   8   *ortamur = hortamur* (apparently passive in sense; but Wulfstan **17** has *hortantur*)

10   eius, mortem minitans sibi. At ille tandem cepit exprobrare
semet ipso, dicendo ad animum suum: 'Vbi est modo fides tua?
Ubi sunt uerba Christi quibus dicebat "et si mortiferum quid
biberint, non eis nocebit"?' His et huiuscemodi uerbis accensa

78r   fides in eo extinxit laetiferum haustum / quod bibebat, et

15   maturius surrexit, abiens ad aulam satis hilaris, nil mali
uenefico reddens suo.

16.   Exinde expandit Atheluuoldus alas suas, et, annuente
rege Eadgaro, expulsit clericos de Nouo Monasterio, ordinans
ibi Aethelgarum discipulum suum abbatem, et sub eo monachos
regulariter conuersantes, qui postmodum archiepiscopus in

5   Cantia effectus est.

17.   In Abundonia uero Osgarum abbatem fecit, ditatusque est locus ille sexcentis et eo amplius cassatis. In monasterio
namque nonnarum ordinauit sanctimoniales, quibus matrem
prefecit Aetheldritam. Est igitur locus in regione quae uocatur

5   Elig, nobilitatus nimium reliquiis et miraculis sanctae Aeldrite
uirginis ac sororum eius; sed erat tunc destitutus et regali fisco
deditus. Quem emebat Atheluuoldus a rege, constituens in eo
monachos perplures, quibus prefecit patrem, Brinthothum
nomine, discipulum suum; locumque affluentissime ditauit

10   edificiis ac terris. Alterum uero locum adquisiuit a rege et a
nobilibus terrae, situm in ripa fluminis Nen, qui lingua Anglorum

15/11   *semet ipso*: it is unclear what case Aelfric intends this
        to be; Wulfstan **19** has *semet ipsum*
    12   *et si*: Mc. 16:18
    14   *haustum*: masculine in classical Latin (and in Wulfstan
          19)

16/2   *expulsit: sic*!
    3   *Aethelgarum,* bishop of Selsey ('prouinciae australium
        Saxonum episcopus': Wulfstan **20**) 980-88, archbishop
        of Canterbury, 988-90

17/5   *Elig,* Ely
        Aeldrite: St. Etheldrida, abbess of Ely (died 679)
    11   *Nen*: now Nene. The place became Peterborough;
        Medeshamstede is the correct form of the older name.

antiquitus Medelhamstede, modo consuete Burh nominatur,
quo simili modo monachos congregauit, Aldulfum eis abbatem
preficiens, qui postmodum archiepiscopatum Eborace ciuitatis
15 obtinuit. Tertium quoque locum pretio adquisiuit iuxta predictum flumen, Thorniae Anglice nuncupatum, quem eadem
conditione monachis delegauit; constructoque monasterio
78v abbatem eisdem, Godomannum uocabulo, / constituit, ac
possessionibus habundanter ditauit.

18. Erat autem Atheluuoldus a secretis regis Eadgari,
magnifice pollens sermone et opere, ubique predicans
euangelium Christi iuxta ammonitionem Isaie prophetae
dicentis 'clama, ne cesses, quasi tuba exalta uocem tuam, et
5 adnuntia populo meo scelera eorum, et domui Iacob peccata
eorum.' Cuius predicationem maxime iuuit sanctus Suuithunus,
eodem tempore reuelatus; quia quod Atheluuoldus uerbis
edocuit, hoc Suuithunus miraculis mirifice decorauit. Sicque
factum est, consentiente rege, ut partim Dunstani consilio et
10 actione, partim Atheluuoldi, monasteria ubique in gente
Anglorum, quedam monachis, quedam monialibus, constituerentur sub abbatibus et abbatissis regulariter uiuentibus.

19. Circuiuitque Atheluuoldus singula monasteria, mores
instituens, oboedientes ammonendo et stultos uerberibus
corrigendo; eratque terribilis ut leo inoboedientibus seu
discolis, mitibus uero et humilibus mitior columba. Pater erat
5 monachorum ac monialium, uiduarum consolator et pauperum
recreator, aecclesiarum defensor, errantium corrector: quod
plus opere impleuit quam nos possimus sermone enarrare.

17/14 *Eborace ciuitatis*: York, of which he was archbishop
from 995
18 *Godomannum*: this abbot of Thorney was perhaps the
writer of the famous Benedictional of St. Ethelwold. See
F. Wormald, *The Benedictional of St. Ethelwold* (London
1959) 9-10.

18/1 *a secretis,* on intimate terms with
4 *clama*: Is. 58:1
8 *Suuithunus,* bishop of Winchester, 852-62

20. Infirmabatur sepe in uisceribus et cruribus, insomnes noctes ex dolore ducens, et in die, licet pallidus, tamen quasi sanus ambulans. Minime tamen esu carnium quadrupedum aut auium usus est, nisi semel, cogente maxima infirmitate, per tres menses, quod et fecit iussu Dunstani / archiepiscopi, et iterum in infirmitate qua obiit. Dulce nanque erat ei adolescentes et iuuenes semper docere, et libros Anglice eis soluere, et iocundis alloquiis ad meliora hortari; unde factum est ut perplures ex eius discipulis fierent abbates et episcopi in gente Anglorum.

21. Contigit aliquando clericum eius, cui designatum erat ampullam eius ferre, minus olei accipere quam necessitas poposcebat, et hoc ipsum in itinere perdidisse. Veniens autem episcopus ad locum destinatum, cum uellet habere crisma, non habuit. Turbatus tunc clericus repedauit iter quo uenerat, et inuenit ampollam plenam olei iacentem, quae nec medietatem antea habuerat.

22. Quidam monacus sub eo degens, Eaduuinus uocamine, marsupium cuiusdam hospitis instinctu demonico furatus est; de quo episcopus in capitulo omni congregationi dixit, ut si quis illud raperet cum sua benedictione iterum redderet, aut in talem locum proiceret ut inueniretur. Iterum transactis tribus diebus, non inuenta pecunia, locutus est episcopus omnibus fratribus dicens: 'Noluit noster fur cum benedictione rem furatam reddere sicut iussimus; reddat modo cum male-dictione, et sit ille ligatus, non solum in anima sed etiam in corpore, nostra auctoritate.' Quid multa? / Dixerunt fratres 'amen', et ecce fur ille sedens inuisibiliter ligabatur, brachiis sibi adherentibus sub cappa sua, mansitque sic stupidus usque horam tertiam, cogitans quid agere deberet. Omnia tamen menbra mobilia, exceptis brachiis, habebat, quae auctoritate episcopus sibi a Deo collata inutilia reddidit. Surrexit tamen miser ille sic ligatus, et exiens post episcopum coactus confessus

20/3 *esu carnium*: for this see the Benedictine Rule, 36

21/3 *poposcebat*: a cross between *poscebat* (so Wulfstan **32**) and *poposcerat*

est ei secreto se rem illam habere, nichil dicens de eius ligatione.
Tunc dixit ei episcopus blande, sicut ei moris erat: 'Bene
fecisti saltem modo, licet sero, confitendo reatum tuum;
20   habeto nunc nostram benedictionem.' Et statim soluta sunt
brachia eius, episcopo nesciente. At ille exiens inde letus effectus
narrauit per ordinem de eius ligatione et solutione cuidam
fratri, Uulfgarus uocabulo, qui ammonuit hoc silentio magis
tegendum.

     23.   Igitur cum episcopus magno conamine uellet ueterem
renouare aecclesiam et iussisset fratres frequenter laboribus
una cum artificibus insistere, contigit quadam die, dum
monachi starent ad summum tectum templi cum cymentariis,
5   ut caderet unus monacus, Godus uocabulo, a summis usque
deorsum. Qui statim cum terram attigisset, surrexit, nil / mali
passus de tanta ruina, ascenditque ad opus ubi antea steterat,
et accipiens trullam fecit quod incoauerat. Cui ergo hoc
miraculum adscribendum est nisi illi cuius iussu ad opus exiuit?

     24.   Quidam etiam monacus, nomine Teodricus, iuit ad
episcopum nocturno interuallo, uolens indiciis de quadam
necessitate ei indicare, et repperit eum legentem cum candela
et sedula agilitate palpebrarum seniles acies acuentem; stetitque
5   diu ammirans quam studiose oculos pagine infigeret. Surrexit
tunc episcopus a lectione, et ille frater accepit candelam coepitque legere, probans si potuisset suos sanos oculos tam diligenter
acuere ad lectionem sicut episcopus fecit suos caligantes. Sed
illa temeritas non impune illi euenit. Nam sequenti nocte, cum
10   se sopori dedisset, apparuit ei quidam uultu incognitus,
terribili comminatione dicens ei: 'Quomodo ausus fuisti exprobrare episcopum preterita nocte in legendo?' — et haec
dicens incussit ictum oculis eius digito, et continuo dolor
oculorum ualidus secutus est, qui eum multis diebus nimis
15   affligebat, usque quo satisfactione culpam deleret quam
incaute in sancto uiro commisit.

    24/2 *indiciis*: i.e. by signs, during a period when silence
           was obligatory

25.   Item accidit, cum episcopus legeret noctu, eum ob
nimiam uigilantiam obdormisse, et candelam ardentem super
paginam cecidisse; / arsitque super folium usque quo unus
frater adueniens accepit candelam flammantem de libro, et
intuitus aspexit fauillas candelae iacentes per multas lineas, et
eas exsufflans inuenit paginam inlesam.

26.   En fateor plane quod non facile mihi occurrit scribere
quanta uel qualia sanctus Atheluuoldus perpessus sit pro
monachis et cum monachis, et quam benignus extitit erga
studiosos et oboedientes, aut quanta in structura monasterii
elaboraret, reparando aecclesiam aliasque domos edificando,
aut quam peruigil erat in orationibus, et quam benigne ortabatur
fratres ad confessionem. Sed ex his paucis possunt plura
cognosci quae a nobis narrari nequeunt.

Obiit autem uicesimo secundo anno sui episcopatus, in
kalendas Augusti, regnante Aelhelredo rege Anglorum,
sepultusque est in aecclesia beatorum Petri et Pauli ad sedem
eius episcopalem. Ad cuius mausoleum miracula fieri audiuimus,
et antequam ossa eius eleuarentur de tumulo sed et postea, ex
quibus duo tantum huic breuitati insero.

27.   Erat quidam ciuis Oxnofornensis, Aelfelmus uocamine,
cecitate plurimis annis multatus, qui ammonitus in somnis ad
sancti Atheluuoldi mausoleum ire, dicebaturque ei nomen
monachi Uuintoniensis, cuius inscius hactenus extitit, qui eum
ducere deberet ad sancti presulis tumbam. / Quid plura? Iuit
ipse Uuintoniam, et aduocato monacho ex nomine, sicut in
somnis didicerat, uidelicet Uulfstanum, cognomento Cantor,
rogans sibi ductor fieri ad sarcophagum sancti, enarrauitque ei
ordinem uisionis. Perduxit tunc monacus ad tumulum sancti
cecum, sed non indigens ductore reuersus est uidens.

80v · 5 · 5 · 10 · 81r 5 · 10

26/9   *obiit*: on 1 August 984
   10   *Aelhelredo,* Ethelred the Unready, king of England,
        978-1016

27/1   *Oxnofornensis,* from Oxford (*Oxnaforda*)
   7   *Uulfstanum*: Wulfstan, the author of the other Life.
        The grammar of this sentence is sadly astray.

28. Narrauit quoque nobis Aelfegus episcopus, successor
sancti Atheluuoldi, quod ipse quendam furem flagellatum
misisset in neruum, et cum diu sic in poenis iacuisset, uenit ad
eum in uisione sanctus Atheluuoldus, dicens ei: 'Cur, miser,
5   sic in trunco iaces tam diu extensus?' At ille recognoscens
sanctum, quem sepe uiderat in uita mortali, respondit:
'Dignas, domine mi, luo poenas, et iusto iudicio episcopi sic
torqueor, quia non cessaui a furtis.' Tum sanctus 'Cessa uel
modo' inquit 'miser, cessa, et sis solutus a nodis nerui huius.'
10   Surrexit ilico fur ille absolutus, et uenit ad episcopum
Aelfegum, narrauitque ei rem gestam circa se per ordinem, et
ille indempnem dimisit eum abire.

29. Claret ergo fides sanctae trinitatis et uere unitatis tam
miris signis meritis sanctorum suorum, cui est honor et
imperium per aeterna saecula. Amen.

28/1   *Aelfegus,* bishop of Winchester, 984-1005 (and
      archbishop of Canterbury, 1005-12)

WULFSTAN

Life of St. Ethelwold
from Ms Cotton Tiberius D.iv

GENERAL NOTE

Passages which have already been commented upon at the corresponding place in Aelfric's Life are left unglossed. The following table will make cross-reference between Wulfstan and Aelfric easier.

Aelfric	Wulfstan	Aelfric	Wulfstan
1	Preface	15	19
2	1-3	16	20
3	4	17	21-24
4	4-5	18	25-27
5	6-8	19	27-28
6	9	20	30-31
7	10-11	21	32
8	11-12	22	33
9	13-14	23	34
10	14	24	35
11	15-16	25	36
12	16	26	37, 41 (cf end of 43)
13	17	27	42
14	18	28-29	46

272v1   Incipit prefatio de uita gloriosi et beati patris Aðeluuoldi
episcopi, cuius sacra memoria celebratur in Kalendis Augusti,
qua die feliciter ad regna migrauit caelestia.

         Postquam mundi saluator Christus humano generi
5   per aulam uirginalis uteri incarnatus apparuit, et, expleta suae
pietatis ac nostrae salutis ineffabili dispensatione, ad paternae
maiestatis sedem cum triumpho gloriae est regressus, multa
per uniuersum orbem diffudit apostolicorum luminaria
doctorum, qui euangelicae fidei inlustratione perfusi cecas
10   ignorantiae tenebras ab humanis cordibus effugarent, et ut
credentium mentes igne superni amoris inflammarent, et,
elongata diuturnae mendicitatis esurie, populorum turbas
aeternae uitae epulis satiarent. Ex quorum collegio beatus pater
et electus Dei pontifex Athelwodus, uelut lucifer inter astra
15   coruscans, suis temporibus apparuit, multorumque cenobiorum
fundator et aecclesiasticorum dogmatum institutor inter
omnes Anglorum pontifices solus singulariter effulsit. De
cuius ortu, gestis et obitu scire cupientibus aliqua narrare
dignum duximus, et ne tanti patris memoria penitus obliuioni
272v2   trad/atur <ea que> presentes ipsi uidimus et quae fideli
seniorum relatione <didicimus> in his scedulis summatim
<per>stri<nximus>, illius sanctis confisi suffragiis hoc et
n<obis qui> scripsimus et eis qui lecturi uel audituri sunt
profuturum.

       [The contents, which are merely a list of the chapter-headings,
         here follow.]

273r2   Incipit textus sequentis libelli de uita sancti Aðeluuoldi episcopi

1.   De ortu et temporibus parentum illius

       Erant igitur parentes sancti pontificis Adeluuoldi
ex ingenua Christianorum propagine oriundi, Uuentane

Preface 24   *profuturum:* sc. *esse* (governed by *confisi*)

    1/3   *Uuentane,* of Winchester (Uuenta)

ciuitatis urbani, temporibus senioris Eduuardi regis Anglorum
5   florentes, in mandatis et iustificationibus Domini sine
querela fideliter incedentes. Qui dum cotidianis bonorum
operum pollerent incrementis, eximio Dei munere decorati
sunt quo talem mererentur gignere sobolem, cuius eruditione
et exemplis non solum populi presentis aeui sed etiam futuri
10   peruenirent ad noticiam ueri luminis, ut exuti caligine tenebrosi
erroris gloria fruerentur aeternae claritatis. /

273v1   **2.   De uisione somniorum matris eius**

Itaque felix eius genitrix, cum eum in utero con-
ceptum gereret, uidit huiuscemodi intempesta nocte sompnium,
quod erat certum futuri effectus presagium. Uisum namque
5   sibi est se prae foribus suae domus sedere, et obtutibus suis
adesse quoddam sublime uexillum, cuius summitas caelum
tangere uidebatur: quod se inclinando honeste ad terram
fimbriarum suarum uelamine circumdedit inpregnatam,
rursumque procera altitudine erectum et inflexibili stabilitate
10   robustum ipsum unde inclinabatur repetiit caelum. Expergefacta
autem mulier rursus sopore deprimitur, et ecce repente uidit
ex ore suo prosilire et auolare quasi auream mire magnitudinis
aquilam, quae uolando cuncta Uuentane ciuitatis edificia
auratis pennarum remigiis obumbrauit, et in alta caelorum se
15   eleuando disparuit. Cumque mulier euigilans secum miraretur
attonita et sompniorum uisionem mente uolueret tacita nec
per semet ipsam conicere posset eorum interpretationem,
perrexit ad quandam Christi famulam, nomine Edeldridam,
moribus et aetate maturam, quae in prefata urbe nutrix erat
20   deo deuotarum uirginum, cui narrauit ex ordine quod sibi
ostensum fuerat in nocturna uisione. At illa, sicut erat animo
sagaci prudentissima, et interdum etiam futurorum Domino
reuelante prescia, de nascituro infante multa predixit, quae
uera esse rerum exitus indicauit.

1/5   *in mandatis*: Lc. 1:6

2/14 *pennarum remigiis*: cf Virg. *Aen.* 1.301, 6.19

3. De interpretatione sompniorum eorundem

Nos quoque eorundem sompniorum coniectores esse
possumus, in sublimi uexillo intelligentes sanctum uirum, qui
tunc in utero portabatur, quandoque futurum militie Dei
signiferum, sicut et erat, / q<uem multimod>a reluctatione
contra antiquum hostem pro defensione sancte matris
aecclesiae congredientem uidimus, ipso<que bel>lante, immo
per ipsum Deo uincen<te, pra>uorum machinamenta ad
nichilum red<ac>ta conspeximus. Et quia aquila ab acumine
oculorum uocatur, et testante sacro eloquio thesaurus
desiderabilis requiescit in ore sapientis, recte per auream
aquilam, quae totam urbem alarum uelamento obumbrare uisa
est, idem preclarus uir totius sapientiae thesauro decoratus
exprimitur. Qui perspicaci et inreuerberata cordis acie diuina
meditando, semper ad celestia per contemplationem uolauit,
et super aecclesiam, magni regis ciuitatem, quam contrarie
potestates inpugnare nitebant<ur>, umbraculum paterne
protectionis longe lateque expandit, et, consummato boni
certaminis cursu, ad uisionem Dei in sanctorum comitatu peruenit, sicut in aeuangelio uoce dominica dicitur 'ubicumque
fuerit corpus, illuc congregabuntur aquile,' quia ubi ipse
redemptor noster est corpore, illuc procul dubio nunc col-
liguntur electorum animae, et in future resurrectionis gloria
illuc quoque eorum colligentur et corpora. Haec de sompniorum
interpretatione breuiter diximus; nunc ad narrationis ordinem
redeamus.

4. Quomodo mater sensit uenisse animam pueri nascituri

Quadam namque die cum mater eius stipata ciuibus
staret in aecclesia, sacre misse celebrationi interesse desiderans,
sensit animam pueri quem gerebat in utero uenisse et in eum
Dei nutu cuncta moderantis intrasse, sicut postea ipse sanctus,
qui nasciturus erat, iam episcopus, nobis gaudendo referebat.

273v2 *(left margin, line 5)*

10 *(left margin)*

15 *(left margin)*

20 *(left margin)*

25 *(left margin)*

5 *(left margin, section 4)*

3/6   *antiquum hostem*: i.e. the devil
10   *uocatur*: so e.g. Isidore *Etymologiae* 12.7.10
      thesaurus: cf Prov. 21:20
17   *potestates*: southern England was peaceful from 955
      to 980, when there were Danish raids on e.g. Hampshire

Ex quo ostenditur eum Deo electum extitisse etiam antequam
nasceretur, et animam procreati hominis non, ut quidam
existimant, a patre uel a matre / existendi initium su<mere,
sed>, ut uere et absque omni dubietate creditur, a solo
creatore uitalem spiritum uiuificari et sing<illatim> unicuique
dari. Nascitur ergo futurus Dei pontifex, et fonte baptismatis
in Christo renatus Eadeluuoldus a parentibus est apellatus,
sanctique crismatis unctione confirmatus gratiae Dei in
omnibus est commendatus.

**5.   Quomodo puer natus <et> in Christo regeneratus
quadam die subito in aecclesia cum nutrice sua
inuentus est**

Accidit enim quadam sollempni die, cum more solito
nutrix illius ad aecclesiam pergere et orationi incumbere
decreuisset, tam ualidam inundantis pluuiae tempestatem
erumpere ut extra loci limen, ubi in gremio tenens eundem
infantem sederat, pedem mouere non posset. Que dum merens
amarissime fleret eo quod uotum pie intentionis soluere
nequiret, caput humiliter omnipotentem Dominum rogatura
declinauit et confestim diuina miseratione consolari pro-
meruit. Nam nullam molestiam procellose tempestatis sentiens
subito inuenta est cum infantulo sedens in aecclesia quam
adire disponebat, ubi sollempnia missarum presbiter celebrabat;
et quod nulla ratione credere potuisset ut fieret, factum
uehementer expauit, et omnes huius rei cognoscentes
miraculum magne admirationis stupor inuasit. Sicut enim
propheta quondam ex Iudea repente sublatus et in Chaldea
cum prandio est depositus, sic beatus puer Adeluuoldus sub
momento cum nutrice in templo est presentatus, ut sicut ille
refecit unum Dei hominem in lacu leonum, ita iste congruo
tempore milia populorum pasceret in aecclesia sanctorum.

4/7   *electum*: like e.g. Jeremiah (Ier. 1:5)

5/15   *ut fieret*: 'how it could happen' (picked up by *factum*)
18   *propheta*: Habbakuk (Dan. 14:32-8)

274r1 / 10 / 15 / 5 / 10 / 15 / 20

6. Quod studiose et diligenter in ipsa pueritia sacris litterarum studiis animum dederit /

274r2   Igitur cotidiano profectu creuit puer bone indolis, et in ipsa mox pueritia sacris litterarum studiis est traditus, ut

5   qui aliis uiam salutis erat ostensurus ipse cum Maria secus pedes Domini humiliter sederet et uerbum ex ore illius salubriter audiret. Erat enim agilis natura atque acutus ingenio, ita ut quicquid maiorum traditione didicerat non segniter obliuioni traderet sed tenaci potius memorie commendaret.

10   Studebat etiam teneros pueritie annos morum honestate et uirtutum maturitate uincere, diuinis semper obsequiis omnia membra sua mancipare et ad Dei implendam uoluntatem totam mentis suae intentionem dirigere, sicque perceptis Christi muneribus recte uiuendo gratias exhibere ut ad maiora

15   percipienda dignus mereretur existere.

7. Quomodo adolescens Aeðelstano regi notus effectus ad clericatum et sacerdotium peruenerit

      Cumque florentis adolescentiae contingeret etatem, preconium sanctae conuersationis eius Adelstano regi, filio

5   predicti regis Eduuardi, fama uulgante nuntiatum est, iuuenemque festinanter accersiri precepit. Qui cum adductus staret in presentia regis, inuenit gratiam in conspectu eius et in oculis optimatum eius, ibique indiuiduo comitatu multum temporis agens in palatio plura a sapientibus regis utilia ac

10   proficua sibi didicit. Et demum, iubente rege, ab Aelphego Uintoniensi episcopo secundum morem aecclesiasticum prius ad clericatus officium tonsoratus ac deinde, paucis labentibus annorum curriculis, in gradum sacerdotalem consecratus est.

8. De prophetia quam praedixit sanctus Aelfegus episcopus de tribus sacerdotibus

      Ipse enim beate recordationis pater Aelphegus

274v1   inter cetera sibi conlata / spiritalium carismatum dona

5   prophetiae spiritu pollebat; et contigit eum ordinasse in ipso tempore simul Dunstanum et Adeluuoldum et quendam,

7/7   *inuenit*: e.g. Esth. 2:9

Elstanum uocabulo, qui postmodum monachilem habitum
deserens apostata fine tenus perdurauit. Completa autem
missarum caelebratione sanctus antistes Aelphegus sibi
10   adherentes ita alloquitur: 'Hodie coram Deo tribus uiris manus
imposui, eosque in sacerdotii ordinem consecraui: quorum duo
ad episcopalem pertingent apicem, unus quidem primum in
ciuitate Uuigornensi, deinde in Cantia, quae est metropolis
aecclesiae gentis Anglorum, alter uero mihi quandoque
15   successurus est in pontificii dignitatem, tercius autem per
lubrica uoluptatum blandimenta miserabili fine tabescet.'
Tunc Elstanus interrogauit sanctum antistitem propinquum
suum dicens: 'Num mihi continget esse unum ex duobus qui
episcopali cathedra sublimandi sunt?' Cui respondit antistes:
20   'Non erit tibi pars neque sors in eo quem prefatus sum ordine,
sed neque in ea sanctitate quam in humano conspectu
uidebaris inchoasse permansurus es.' Cuius prophetiae uerba
quam ueraciter essent prolata rei probauit euentus. Nam duo
(sicut dicit scriptura 'iustus iustificetur adhuc et sanctus
25   sanctificetur adhuc') ad pontificatus honorem peruenerunt,
tercius uero, iuxta terribilem prioris sententiae comminationem
quae dicit 'qui in sordibus est sordescat adhuc,' in fetore
luxurie uitam finiuit.

**9.   Quomodo Aedeluuoldus Glastoniam peruenit et
monachus factus qualiter ibi Deo seruiens uixerit**
    Adeluuoldus autem Christi famulus, nomine, mente
et opere beniuolus, artam uiam que ducit ad uitam recto
5   itinere gradiens, cotidiana Deo cooperante studuit melioratione
274v2   suc/crescere, dans operam diligenter doctrinis et exemplis

8/13   *Uuigornensi,* of Worcester
      Cantia, Kent, i.e. Canterbury (cf **20/8** *Cantuarii*)
  24   *iustus*: Apoc. 22:11
  27   *qui in*: ibid

9/3   *nomine ... beniuolus*: a characteristically Anglo-Saxon
      onomastic interpretation (OE *æðele* 'noble' + *wolde*
      'wished')
  4   *artam uiam*: Mt. 7:14

Elphegi susceptoris et ordinatoris sui. Aput quem precipiente
rege quo melius imbueretur aliquandiu commoratus est, ac
postmodum Glastoniam perueniens magnifici uiri Dunstani,
abbatis eiusdem monasterii, discipulatui se tradidit. Cuius
magisterio multum proficiens, tandem monastici ordinis
habitum ab ipso suscepit, humili deuotione eius regimini
deditus. Didicit namque inibi liberalem grammaticae artis
peritiam atque mellifluam metrice ration<is> dulcedinem, et
more apis prudentissi<me>, quae solet boni odoris arbores
circumuolando requirere et iocundi saporis holeribus incumbere,
diuinorum carpebat flores uoluminum. Catholicos quoque et
nominatos studiose legebat auctores, insuper uigiliis et
orationibus perseueranter insistens, et abstinentia semet
ipsum edomans, et fratres ad ardua semper exhortans. Qui cum
pro merito sanctitatis ab omnibus amaretur et monasterii
decanus ab abbate suo constitueretur, nullum elationis incurrit
periculum, sed tante subiectis praebuit humilitatis exemplum
ut cotidiano manuum opere hortum excolendo laboraret et
fratribus ad prandium poma ac diuersi generis legumina
prepararet, ut post spiritalem animarum refectionem corporum
quoque necessaria ministraret, pre oculis semper retinens illud
dominicum: 'Quicumque uoluerit inter uos maior fieri sit
uester minister, et qui uoluerit inter uos primus esse erit uester
seruus,' et illud: 'Quanto magnus es humilia te in omnibus et
coram Deo inuenies gratiam.' Haec et alia memorie commendans
scripture testimonia per disciplinam subditos et per humilitatem
custodiebat semet ipsum.

**10.   De obitu regis Aðelstani et de successione fratrum /
eius in regnum**

Contigit interea uictoriosissimum regem Adelstanum,
quarto anno postquam hostilem paganorum exercitum

9/17   *catholicos... et nominatos... auctores*: i.e. distinguished
       Christian writers
28   *quicumque*: Mt. 20:26-7
30   *quanto*: Eccli. 3:20

5   maxima strage peremit, obisse et fratrem eius Eadmundum
pro eo regni gubernacula suscepisse. Cui post annos sex et
dimidium crudeliter interempto successit in regnum frater
eius Eadredus, qui erat ueteris cenobii in Uuintonia specialis
amator atque defensor, ut testantur ea quae ipso iubente
10   fabricata sunt ornamenta, magna scilicet aurea crux, altare
aureum et cetera quae larga manu benignus illuc ad honorem
beatorum apostolorum Petri et Pauli direxit ibique aeternaliter
ad Dei laudem et gloriam conseruari praecepit: qui etiam, si
uita comes fieret, orientalem porticum eiusdem Uuintoniensis
15   aecclesiae deauratis imbricibus adornare disposuit. Cuius regni
tempore uir Domini Edeluuoldus, adhuc cupiens ampliori
scripturarum scientia doceri et monastica religione perfectius
informari, decreuit ultramarinas adire partes. Sed uenerabilis
regina Eadgifu, mater regis memorati, preuenit eius conamina,
20   dans consilium regi ne talem uirum sineret egredi de regno suo,
insuper asserens tantam in eo fuisse Dei sapientiam quae et sibi
et aliis sufficere posset, quamuis ad aliene patriae fines ob
hanc causam minime tenderet.

11.   **Quomodo rege Eadredo fauente sanctus uir
Abbandunensis monasterii curam susceperit eiusque
loci abbas ordinatus fuerit**
    Quibus auditis delectatus rex magnam circa Dei
5   famulum coepit habere delectationem, placuitque ei, suadente
matre sua, dare sancto uiro quendam locum, uocabulo
275r2   Abbandoniam, in quo / modicum antiquitus habebatur
monasteriolum, sed erat tunc neglectum ac destitutum, uilibus
edificiis consistens et quadraginta tantum mansas possidens;
10   reliquam uero prefati loci terram, quae centum cassatorum
lustris hinc inde gyratur, regali dominio subiectam rex ipse
possidebat. Factumque est, consentiente Dunstano abbate,
secundum regis uoluntatem, ut uir Dei Adeluulodus prenotati

10/5   *peremit*: at the battle of Brunanburh (937: so that
      quarto is inaccurate)
      Eadmundum, king of Wessex and England, 939-46
8   *Uuintonia,* Winchester
22   *ob hanc causam*: i.e. (apparently) to show off his wisdom

loci susciperet curam, quatinus in eo monachos ordinaret
15 regulariter Deo seruientes. Venit ergo seruus Dei ad locum sibi
commissum: quem protinus secuti sunt quidam clerici de
Glastonia, scilicet Osgarus, Foldbirthus, et Ordbirthus de
Uuintonia, et Eadricus de Lundonia, eius discipulatui se subdentes. Congregauitque sibi in breui spacio gregem monachorum,
20 quibus ipse abbas, iubente rege, ordinatus est. Dedit etiam rex
possessionem regalem quam in Abbandonia possederat, hoc
est centum cassatos, cum optimis edificiis, abbati et fratribus
ad augmentum cotidiani uictus, et de regio thesauro suo
multum eos in pecuniis iuuit; sed mater eius largius solatia
25 munerum eis direxit. Tantamque gratiam Dominus sibi
seruientibus contulit ut ad prefatum cenobium, quod antea
rebus erat pauperrimum, omnes simul diuitiae putarentur
adfluere, et sic cuncta prosperis successibus occurrere ut
palam sententia dominicae promissionis impleri uideretur qua
30 dicitur: 'Primum querite regnum Dei et iustitiam eius, et
omnia adicientur uobis.'

**12. Quod rex Eadredus ad monasterium <uenerit> et
hospitibus tota die bibentibus liquor exhauriri
nequiuerit**

Venit ergo rex quadam die ad monasterium, ut
5 edificiorum structuram per se ipsum ordinaret; mensusque est
275v1 omnia fundamenta monansterii propria manu, / quemadmodum
muros erigere decreuerat; rogauitque eum abbas in hospicio
cum suis prandere. Annuit rex ilico; et contigit adesse sibi non
paucos optimatum suorum uenientes ex gente Norðanhimbrorum,
10 qui omnes cum rege adierunt conuiuium. Letatusque est rex,
et iussit abunde propinare hospitibus ydromellum. Quid multa?
Hauserunt ministri liquorem tota die ad omnem sufficientiam
conuiuantibus; sed nequiuit ipse liquor exhauriri de uase, nisi
ad mensuram palmi, gaudentibus Norhanymbris et uesperi
15 cum laetitia recedentibus.

11/17 The other manuscripts confirm that Wulfstan, like
Aelfric 7, also named Frithegarus.
30 *primum*: Mt. 6:33 = Lc. 12:31

13. Quod regnante Eadgaro templum predicti cenobii constructum et dedicatum fuerit

Non tamen coepit Adeluuoldus abbas designatum
sibi opus edificare in diebus Eadredi regis, quia celeriter ex hac
uita migrauit die VIIII Kal. Decembris. Sed regnante glorioso
rege Eadgaro, insigni et clementissimo, prepotente ac in-
uictissimo regis Eadmundi filio, honorabile templum in
honore sanctae Dei genitricis semperque uirginis Mariae in
eodem construxit loco et consummauit, quod usque in hunc
diem uisu melius quam sermone ostenditur.

14. De ordinatione Dunstani et quod abbas Aðelwoldus Osgarum monachum trans mare direxerit et de quodam fratre Aelstano

Circa haec tempora eligitur abbas Dunstanus ad
episcopatum Uuigornensis aecclesiae, iuxta prophetiam
sancti Ealphegi episcopi, sicut supra tetigimus. Et post aliqua
annorum curricula factus archiepiscopus mansit in Cantia
triginta et septem annis, quasi columna inmobilis, doctrina et
actione precipuus, angelico uultu decorus, elemosinis et
prophetia prepollens: / ad cuius tumbam caelestia sepe fieri
miracula audiuimus. Adeluuoldus autem misit Osgarum
monachum trans mare ad monasterium sancti patris Benedicti
Floriacense, ut regularis obseruantiae mores illic disceret ac
domi fratribus docendo ostenderet, quatinus ipse normam
monastice religionis secutus et una cum sibi subiectis deuia
queque declinans gregem sibi commissum ad promissam caelestis
regni perduceret patriam. In qua congregatione erat quidam
frater Elstanus nomine, simplex et magne obedientiae uir,
quem abbas iussit preuidere cibaria artificum monasterii; cui
seruitio ipse deuotissime se subdens coxit carnes cotidie et
operariis sedulus mynistrabat, focum accendens et aquam
adportans et uasa denuo emundans, existimante abbate illum
hoc cum solatio et iuuamine alterius ministri peragere.
Accidit namque quadam die, dum abbas more solito peragraret

13/5 *migrauit*: 23 November (955)

14/6 *supra*: 8/11

25 monasterium, ut aspiceret illum fratrem stantem iuxta feruens
caldarium, in quo uictualia preparabat artificibus, et intrans
uidit omnia uasa mundissima ac pauimentum scopatum;
dixitque ad eum hilari uultu: 'O mi frater Elstanae, hanc
obedientiam mihi furatus es, quam me ignorante exerces. Sed
30 si talis miles Christi es qualem te ostendis, mitte manum tuam
in bullientem aquam et unum frustum de imis mihi impiger
adtrahae.' Qui statim sine mora mittens manum suam ad ymum
lebetis abstraxit frustum feruidum, non sentiens calorem
feruentis aquae. Quo uiso abbas iussit deponi frustum, et
35 nemini hoc indicare uiuenti. Illum uero fratrem postmodum
abbatem uidimus ordinatum, qui etiam deinde pontificali
276r1 ho/nore sublimatus aecclesiae Uuiltuniensi est prelatus et
beato fine in Domino consummatus.

15. Quomodo hostis antiquus sanctum uirum per casum cuiusdam postis extinguere conatus sit

Erat namque sanctus Adeluuoldus aecclesiarum ac
diuersorum operum magnus edificator, et dum esset abbas et
5 cum esset episcopus. Vnde tetendit ei communis aduersarius
solitas suae malignitatis insidias ut eum ullo modo posset
extinguere. Nam quadam die, dum uir Dei in structura
laboraret, ingens postis super eum cecidit et in quandam
foueam deiecit confregitque pene omnes costas eius ex uno
10 latere, ita ut nisi fouea illum susciperet totus quassaretur.

16. Quod rex Eadgarus ad episcopatum Uuintoniensis aecclesiae sanctum uirum elegerit

Conualuit tamen uir sanctus de hac molestia, Dei
omnipotentis adiuuante gratia, et elegit eum Eadgarus
5 felicissimus Anglorum basileus ad episcopatum Uuintoniensis
aecclesiae, antequam aecclesia prefati cenobii dedicaretur. Et
iubente rege consecrauit illum Dunstanus archiepiscopus

14/37 *Uuiltuniensi,* of Ramsbury (see on Aelfric **10/24**)

16/5 *basileus*: the Greek term is typical of tenth-century
flamboyance; cf e.g. Lantfred *Miracula S. Swithuni*
prol. 4

Doruernensis aecclesiae, anno dominice incarnationis nongentesimo sexagesimo tercio, sub die III Kalendarum
10   Decembrium, in uigilia sancti Andreae apostoli, quae tunc
habebatur in dominica prima aduentus Domini et saluatoris
nostri Iesu Christi. Erant autem tunc in ueteri monasterio, ubi
cathedra pontificalis habetur, canonici nefandis scelerum
moribus implicaci, elatione et insolentia atque luxuria pre-
15   uenti, adeo ut nonnulli illorum dedignarentur missas suo
ordine celebrare, repudiantes uxores quas inlicite duxerant
276r2   et / alias accipientes, gule et ebrietati iugiter dediti. Quod
minime ferens sanctus uir Adeluuoldus, data licentia a rege
Eadgaro, expulit citissime detestandos blasphematores Dei de
20   monasterio, et adducens monachos de Abbandonia locauit
illic, quibus ipse abbas et episcopus extitit.

17. De communione quam clerici cantauerunt quando monachi de Abbandonia uenientes ad ingressum aecclesiae steterunt

Accidit autem sabbato in capite Quadragesime, dum
5   monachi uenientes de Abbandonia starent ad ingressum
aecclesiae, clericos missam finire, communionem canendo
'seruite Domino in timore, et exultate ei cum tremore,
apprehendite disciplinam, ne pereatis de uia iusta,' quasi
dicerent 'nos noluimus Deo seruire nec disciplinam eius
10   seruare; uos saltem facite, ne sicut nos pereatis de uia quae
custodientibus iusticiam regna facit aperiri caelestia.' Quo
audito fratres gauisi sunt, intelligentes a Domino suum iter esse
prosperatum et Dei nutu hunc psalmum propter illorum pre-
sentiam fuisse decantatum. Moxque Dauiticum ad se traxerunt
15   imperium, Osgaro exhortante eos atque dicente: 'Cur foris
moramur? Faciamus sicut hortantur nos clerici, ingrediamur,
et per uiam iustitiae gradientes Domino Deo nostro cum

16/9   *die*: 29 November (963)

17/4   *capite Quadragesime*: 'the start of Lent' (sometimes
      specifically used of Ash Wednesday)
   14 *Dauiticum ... imperium*: i.e. they applied to themselves
      the order given in the Psalm (of David) just quoted

timore et exultatione famulemur, ut cum exarserit in breui
ira eius mereamur esse participes illorum de quibus subiungitur
20   "beati omnes qui confidunt in eo." '

18.   De expulsione clericorum de ueteri monasterio

Misit quoque rex illuc cum episcopo quendam
mynistrorum suorum famosissimum, cui nomen erat Uulfstan
Aetdelham, qui regia auctoritate mandauit canonicis ut unum
276v1   de duobus / eligerent, aut sine mora dare locum monachis aut
suscipere habitum monachici ordinis. At illi, nimio pauore con-
territi et uitam execrantes monasticam, intrantibus monachis
ilico exierunt. Sed tamen postmodum tres ex illis ad con-
uersionem uenerunt, scilicet Eadzinus, Uulfsinus et Uulstanus
10   presbiter: qui cenobium quod expulsi reliquerant humili corde
repetentes Christi iugo colla subdiderunt. Nam hactenus ea
tempestate non habebantur monachi in gente Anglorum nisi
tantum qui in Glastonia morabantur et Abbandonia.

19.   Quomodo uir sanctus uenenum biberit et calore fidei
succensus potum mortis extinxerit

Deinde cum predicti fratres in ueteri cenobio
regularis uitae normam seruare cepissent et multi illuc ad Dei
5   famulatum senes conuersi, iuuenes adducti et paruuli oblati
confluerent, ex inuidia clericorum datum est episcopo
uenenum bibere in aula sua cum hospitibus prandenti omnem-
que eis humanitatem exhibenti, quatinus illo extincto seruos
Dei expellerent, rursumque in unum congregati libere pristinis
10   frui potuissent flagitiis. Erat ei namque moris statim post tres
aut quattuor offulas modicum quid bibere; bibitque nesciens
adportatum sibi uenenum totum quod erat in calice, et statim
in pallorem facies eius inmutata est et uiscera illius nimium ui

17/18   *cum exarserit*: Ps. 2:13

19/5   *conuersi ... oblati*: see D. Knowles *The Monastic Order in
        England* 417-22
    13   The wording of Wulfstan's account of the poisoning (less
        so Aelfric's) is reminiscent of Sulpicius Severus *Vita S. Mart.*
        6.6 'sed cum uim ueneni in se grassantis uicina iam morte
        sensisset, imminens periculum oratione repulit statimque
        omnis dolor fugatus est.'

grassantis ueneni cruciabantur. Surrexit autem uix a mensa
15 exiens ad lectulum, serpsitque uenenum per omnia membra
eius, iam instantem minitans sibi mortem. At ille tandem /
276v2 recogitans cepit exprobrare semet ipsum, dixitque ad animum
suum: 'Vbi est modo fides tua? Vbi sunt cogitationes sensus
tui? Nonne uerba Christi uera sunt et fidelia, quibus in
20 euangelio pollicetur dicens "et si mortiferum quid biberint
credentes, non eis nocebit"? Nonne ipse qui haec loquitur
presens est diuinitate, licet absens sit corpore? Ipse procul dubio,
ipse hoc ueneni uirus in te euacuare potest.' His et huiuscemodi
uerbis accensa fides in eo omnem letiferum haustum quem
25 biberat extinxit, furentisque ueneni dolore fugato surrexit,
abiens ad aulam hilari uultu, nulla penitus signa palloris se
intuentibus ostendens, nec quicquam mali suo uenefico
reddens sed ei quod deliquit ignoscens. Sicque Dei uirtute
dissipatum est malignum consilium clericorum, qui uidentes
30 suam nichil preualere nequitiam tandiu per diuersas Anglorum
prouincias huc illucque dispersi sunt quousque uitam finierunt.

20. De expulsione canonicorum de Nouo Monasterio

Exinde Christi aquila antistes Adeluuoldus expandit
aureas alas suas, et, annuente rege Eadgaro, canonicos de Nouo
expulit Monasterio, illucque monachos introduxit regulariter
5 conuersantes, ordinans illis abbatem discipulum suum
Aedelgaru<m>, qui postmodum prouinciae australium
Saxonum episcopus ac deinde, sancto Dunstano ad caelestia
regna translato, Cantuariorum archipresul effectus est.

21. Quod in Abbandonia Osgarum constituerit abbatem

In Abbandonia uero Osgarum pro se constituit abbatem,
277r1 ditatusque est locus ille sexcentis et eo amplius cassatis, in/super
et aeternae libertatis suffultus priuilegiis, diuina simul et regia
5 auctoritate conscriptis, quae laminis aureis sigillata inibi usque
hodie conseruantur.

21/4 Documents purporting to be early charters of Abingdon survive;
see discussion of E. John in *Analecta Bollandiana* 70 (1960)
333-59. If the words *laminis aureis sigillata* are genuine, they

22. Quod in cenobio nonnarum sanctimoniales ordinauerit

In tercio quoque Uuintoniensi cenobio, quod Anglice
Nunnamenster appellatur, in honore semper uirginis Mariae
Deo consecratum, mandras sanctimonialium ordinauit, quibus
matrem de qua superius paululum tetigimus Aetheldritham
prefecit, ubi regularis uite norma hactenus prefuit.

5

23. Quomodo in prouincia orientalium Anglorum Eligense cenobium regulariter instituerit

Nec solum in finibus occidentalium Saxonum uerum
etiam in remotis Britannie partibus sanctus antistes Edeluuoldus
ad Dei omnipotentis seruitium monachos adgregare curauit.
Est enim quedam regio famosa in prouincia orientalium
Anglorum sita, paludibus et aquis in modum insulae circumdata,
unde et a copia anguillarum quae in eisdem paludibus
capiuntur Aelig nomen accepit. In qua regione locus omni
ueneratione dignus habetur, magnificatus nimium reliquiis et
miraculis sanctae Edeldride regine et perpetuae uirginis ac
sororum eius; sed in ipso tempore erat destitutus et regali fisco
deditus. Hunc ergo locum famulus Christi pro dilectione
tantarum uirginum magnopere uenerari coepit, datoque praetio
non modicae pecuniae emit eum a rege Eadagaro, constituens
in eo monachorum gregem non minimum. Quibus ordinauit
abbatem Byrhtnodum prepositum suum, et eiusdem loci
situm monasterialibus edificiis decentissime renouauit, eumque terrarum possessionibus affluentissime locupletatum et

5

10

15

---

can hardly refer to seals, for Old English diplomata were
not sealed. There may be an allusion to gold lettering, or
to some particularly lavish binding. I am grateful to the
late Professor Francis Wormald and to Dr Pierre Chaplais
for their advice on this point.

22/5 *superius*: 2/18
  6 *prefuit,* has prevailed (?)

23/3 *finibus occidentalium Saxonum*: Wessex, as opposed to
    prouincia orientalium Anglorum (East Anglia)
  6 Wulfstan draws his information (including the still
    accepted etymology) from Bede *Hist. Eccl.* 4.19(17).

48

20   aeternae libertatis priuilegio confirmatum omnipotenti
Domino commendauit. /

**24. Quod in prouincia quoque Giruiorum duo monachorum
cenobia construxit, quorum unum Burh, alterum
uero Dornig appellatur**

Alterum quoque locum in regione Giruiorum

5   optinuit a rege et nobilibus terrae, positum in ripa fluminis
Nen, cui lingua Anglorum quondam Medeshamstede nomen
inposuit, nunc autem consuete Burh appellatur. Cuius loci
basilicam congruis domorum structuris ornatam et terris
adiacentibus copiose ditatam in honore beati Petri principis

10   apostolorum consecrauit, ibique simili modo cateruam
monachorum coadunauit, Eldulfum eis praeficiens abbatem
monachum suum, qui post excessum domini Osuualdi
pontificis aecclesiae Eboracensis archiepiscopatum suscaepit.
Tercium nichilominus adquisiuit praecio locum iuxta

15   crepidinem predicti fluminis situm, qui propter spineta circum-
quaque succrescentia Dornig solito nuncupatur Anglice
uocabulo, quem pari conditione monachis aptissimum
delegauit, rectorem illis et abbatem Godemannum preponens,
constructumque monansterium in honore Dei genitricis et

20   uirginis Mariae dedicauit et bonorum omnium possessione
gratulanter ditauit.

25. De familiaritate eius cum rege

Erat autem uir Dei Adeluuoldus a secretis Edgari
incliti regis, sermone et opere magnifice pollens, in plerisque
locis aecclesias dedicans et ubique aeuangelium Christi pre-

5   dicans, iuxta ammonitionem Ysaiae prophetae dicentis 'clama,
ne cesses, quasi tuba exalta uocem tuam, et adnuncia populo
meo scelera eorum, et domui Ia<c>ob peccata eorum.'

24/4   *Giruiorum,* an East Anglian people (see Plummer's
note on Bede *Hist. Eccl.* 3.20)
12 *Osuualdi,* archbishop of York, 972-92
16 *Dornig*: i.e. thorny

26. De reuelatione sancti a\<n\>tistitis Swithuni, quem sanctus Aðelþoldus in ecclesiam transtulit Idus Iulii

Huius predicationem maxime iuuit sanctus antistes Suuithunus, eodem / tempore caelestibus signis declaratus et infra templi regiam gloriosissime translatus ac decenter collocatus. Ideoque gemina simul in domo Dei fulsere luminaria, candelabris aureis superposita: quia quod Adeluuoldus salubri uerborum exhortatione predicauit, hoc Suuithunus miraculorum exhibitione mirifice decorauit.

27. Quod et alia multa per Dunstanum et Aðeluuoldum constructa sint cenobia

Sicque factum est, consentiente rege, ut partim Dunstani consilio et accione, partim Adeluuoldi sedula cooperatione, monasteria ubique in gente Anglorum, quedam monachis, quedam sanctimonialibus, constituerentur sub abbatibus et abbatissis regulariter uiuentibus. Circumiuitque famulus Christi Aðeluuoldus singula monasteria, mores instituens, obedientes ut in bono proficerent uerbis ammonendo et stultos ut a malo discederent uerberibus corrigendo.

28. Quod sanctus Aðeluuoldus lenitatis blandimento seueritatem discipline temperauerit

Erat namque terribilis ut leo discolis et peruersis, humilibus uero et obedientibus se quasi agnum mitissimum exhibebat, ita serpentinae prudentiae temperans seueritatem ut columbine simplicitatis non amitteret lenitatem. Quem si quando zelus rectitudinis cogeret ut iura discipline subiectis imponeret, furor ipse non de crudelitate sed de amore processit, et intus paterna pietate dilexit quos foris quasi insequens castigauit. Pater erat et pastor monachorum, peruigil sanctimonialium protector et uirginum, uiduarum consolator, peregrinorum susceptor, aecclesiarum defensor, / errantium

---

26/2 *Idus Iulii,* 15 July (971: see the heading at Wulfstan *Narratio de Sancto Swithuno* 1.789)

    5 *templi regiam:* merely 'temple', 'church'

28/5 *serpentinae ... columbine:* cf Mt. 10:16

corrector, pauperum recreator, pupillorum et orphanorum
adiutor: quod plus impleuit opere quam nostra paruitas
15   sermone possit euoluere.

29.   Quomodo famis tempore multitudinem pauperum ab ipsis faucibus mortis eripuerit

Accidit enim quodam tempore ut acerba fames
uniuersam Britanniae regionem uehementer premeret et
5   inopiae magnitudo plerosque dira clade extingueret. Vir autem
Domini misertus super turbam fame ualida pereuntium
omnem pecuniae portionem quam habebat in usus pauperum
expendit. Cumque pecunia deficeret, tolli iussit ornamenta queque et argentea uasa perplurima de thesauris aecclesiae,
10   precepitque ea minutatim confringi et in pecunias redigi,
intimo cordis suspirio protestans se equanimiter ferre non posse
muta metalla integra perdurare, hominem uero ad imaginem
Dei creatum et precioso Christi sanguine redemptum
mendicitate et inedia perire. Emptis ergo cibis sustentauit in-
15   numerabilem multitudinem egenorum, qui periculum famis
euadere cupientes ad eum undique confugerant, et eos qui
semineces in plateis et compitis omni solatio destituti
iacebant refocilando subleuauit, ab ipsis faucibus mortis
eripiens miseros, prebens quoque cibaria cotidiana singulis,
20   donec misericordia Dei de caelo in terram prospiceret et
humano generi solita pietate subueniens malum inopiae
temperaret. In cuius pietatis opere sectatus est imitabile
exemplum beati Laurentii leuitae et martyris, qui, instante
persecutionis tempore, thesauros et facultates aecclesiae
25   dispersit deditque pauperibus, ut iusticia eius maneret in
seculum seculi et cornu eius exaltaretur in gloria.

29/8   For a similar story see Bede *Hist. Eccl.* 3.6 (Oswald).

23   *Laurentii*: St. Laurence, martyred at Rome under Valerian
(258). For Laurence and the poor, see e.g. Augustine
Serm. 302 (= Patrologia Latina XXXVIII 1388-9),
Prudentius *Peristephanon* 2.

30. Quod inter haec uir sanctus infirmitates sepe in uisceribus et in / cruribus sustin\<uerit\>

Verum quia \<Dominus, sicut\> dicit scriptura, quem diligit corripit et omnem filium quem recipit flagellat, uir Dei infirmabatur frequenter in uisceribus, morbumque tumoris sustinebat in cruribus, noctes plerumque insompnes pre dolore ducens, et in die, licet pallidus, tamen quasi sanus et nil molestiae sentiret ambulans, memor apostolicae consolationis qua dicitur 'quia uirtus in infirmitate perficitur,' et rursum 'quando enim infirmor, tunc fortior sum et potens,' et iterum 'libenter gloriabor in infirmitatibus meis, ut inhabitet in me uirtus Christi.' Et quamuis acri pulsaretur molestia, minime tamen esu carnium quadrupedum aut auium usus est, nisi semel, cogente maxima infirmitate, per tres menses, quod et fecit iussu Dunstani archiepiscopi, et iterum in infirmitate qua obiit.

31. Quod iuuenes docere semper dulce habuerit

Dulce namque erat ei adolescentes et iuuenes semper docere, et Latinos libros Anglice eis soluere, et regulas grammatice artis et metrice rationis tradere, et iocundis alloquiis ad meliora hortari. Vnde factum est ut perplures ex discipulis eius fierent sacerdotes atque abbates et honorabiles episcopi, quidam etiam archiepiscopi in gente Anglorum.

32. De ampulla pene uacua quae in itinere oleo plena inuenta est

Placuit inter haec omnipotenti Deo ut caelesti etiam monstraretur indicio quod ei beneplacitum esset habitare in sancto suo. Nam cum iter quoddam sacer antistes ageret ut in agro dominico semen uerbi Dei spargeret, contigit clericum

---

30/3 *scriptura*: Hebr. 12:6 (cf Prov. 3:12)
   7 *sanus*: sc. *esset*
   9 *quia uirtus*: II Cor. 12:9
   10 *quando enim*: ibid 10
   11 *libenter*: ibid 9

32/4 *beneplacitum*: cf Ps. 67:17

eius, cui sanctum crisma fuerat designatum, minus olei quam
necessitas poscebat accepisse, et hoc pa/rum quod acceperat
in ipso itinere perdidisse. Cumque Christi famulus ad destinatum
peruenisset locum, post missarum celebrationem postque
dulcia sanctae predicationis alloquia, iussit ex more ad con-
firmandos pueros oleum sibi exhibere. Sed clericus qui
ampullam se secum ferre estimabat repente quod eam
perdidisset agnouit. Turbatus ergo celerrime repetiit iter
unde uenerat, et diligenter huc illucque circumspiciens inuenit
ampullam crismatis in uia iacentem oleo plenam, cuius nec
medietas quidem paulo ante quicquam liquoris habuerat. Qua
assumpta cum timore et gaudio magno reuersus est, sancto
antistiti satisfaciens et caelestis stillicidii miraculum ueraci
relatione pandens. Quod Dei nutu gestum esse probatur, ut qui
spiritus sancti gratia perfundebatur, eiusque unctione corda
et facies multorum exhilarabat, ipse non solum interius sed
etiam exterius oleo superne leticiae remuneraretur.

**33. De monacho qui furtum commisit et solo sermone
uiri Dei ligatus et absolutus est**

Quidam monachus sub eius magisterio degebat qui
demoniaco instinctu furti reatum perpetrauit. Unde et omnem
congregationem magne tristiciae dolor inuasit, dum quisque
suspectus ab altero fratre geri putaret quod se nequaquam
fecisse procul dubio sciuit. Pro qua re sanctus antistes in
conuentu fratrum modesta correptione mandauit ut, si quis
furti illius sibi conscius esset, rem quam abstulerat quantotius
cum Dei benedictione redderet, aut in loco tali eam proiceret
ubi inueniri potuisset. Ille uero frater obstinato corde se
ipsum indurauit, et mandatum uiri Dei seruare neglexit. Transactis itaque tribus diebus et tribus noctibus, cum res furata
minime / esset inuenta, locutus <est> uir sanctus in capitulo
coram omni multitudine fratrum, terribili indignatione et
comminatione inquiens: 'Noluit sacrilegus ille pecuniam
quam furatus est reddere cum benedictione sicut iussimus;

33/6 *geri*: i.e. to have been done (supply *id*)

reddat eam modo cum Dei omnipotentis maledictione, et sit
ipse ligatus, non solum in anima sed etiam in corpore, nostra
20 auctoritate.' Quid multa? Dixerunt fratres 'amen', et ecce
monachus ille sedens inuisibiliter ligabatur, brachiis sibi
inuicem adherentibus sub cuculla sua, mansitque stupidus,
cogitans quid agere deberet. Omnia tamen reliqua menbra sua
mobilia et ad usum apta habebat, exceptis brachiis, quae uir
25 sanctus auctoritate sibi a Deo collata ligauit et inutilia
reddidit. Tandem finito capitulo surrexit miser ille sic ligatus,
et exiens post sanctum episcopum confessus est ei secreto se
fuisse reum, sequae latrocinii perpetrasse reatum, nichil tamen
ei de ligatione qua tenebatur adstrictus indicans. Episcopus
30 autem uidens eum nimio terrore correptum, sicut ei moris
erat penitentibus et flentibus clementer ignoscere et misericordiae
uisceribus condolere, blando sermone respondit: 'Modo saltem
bene fecisti, licet sero, confitendo peccatum tuum; habeto
nunc nostram benedictionem.' Et statim soluta sunt brachia
35 illius, episcopo nesciente. At ille exiens inde uehementer
gauisus est, narrauitque per ordinem de sua ligatione et
solutione cuidam fratri, uocabulo Uulgaro, qui ammonuit hoc
magis silentio esse celandum et congruo postmodum tempore
detegendum. Qua ex re datur intelligi cuius meriti ante Deum
278v2 uir iste fu/erit, qui solo <sermone> tantam uirtutem, licet
nesci<ens, ostendit>. Nam quia pastoralem sancti regiminis
curam fide et moribus digne custodiuit, profecto beati Petri
principis apostolorum uicem ligando atque soluendo obtinuit.

34. De monacho qui de summo templi culmine cecidit et nil mali passus incolumis surrexit

Igitur cum uir Dei magno conamine ueterem renouare
decreuisset aecclesiam, iussit fratres frequenter laboribus <una
5 cum artificibus> et operariis insistere, quibus certatim
laborantibus opus edificii paulatim in sublime excreuit,

33/31 *misericordiae uisceribus*: Lc. 1:78
43 *uicem ... obtinuit*: 'was successor of' (cf Mt. 16:19)

plurimis hinc inde suffultum oratoriis, in quibus sanctorum
uenerantur suffragia cunctis fideliter accedentibus profutura.
Contigit autem quadam die, dum fratres starent ad summum
10   culmen templi cum cemen<tariis>, ut unus illorum, Godus
nomine, caderet a summis usque ad terram. Qui mox ut
terram attigit, incolumis surgens stetit, nil mali passus de
tanta ruina, seque crucis signaculo benedixit, admirans quid
illic ageret uel qualiter illuc uenisset. Et cunctis qui aderant
15   uidentibus ascendit ad locum ubi antea steterat, et accipiens
trullam operi quod inchoauerat diligentius insistebat. Cui ergo
hoc miraculum adscribendum est nisi illi cuius iussu ad opus
obedientiae exiuit? Qui idcirco laedi non potuit quia hunc in
casu suo uiri Dei meritum portauit et a periculo ruine incolumem
20   protexit.

35. De monacho qui se uiro Dei in legendo assimilare presumpsit

Tempore quodam hiemali, cum fratres secundum
regule edict<um tem>porius ad uigilias surgerent et
5   n<octur>no interuallo psalmodie et lectioni inseruirent,
quidam monachus, nomine Theodricus, ad Dei hominem
279r1   perrexit, / <uolens indiciis de> quadam neces<sitate ei>
indicare, eumque luminis <candelabrum> manu tenentem
repperit et legentem et sedula agilitate palpebrarum seniles
10   optutus acuentem: ibique diutius stetit, adtendens quam
studiose oculos pagine infigeret. Surrexit tandem uir sanctus
a lectione, et ille frater residens accepit candelam coepitque
legere, probans utrum et ipse posset oculos suos sanos ad
legendum tam diligenter acuere sicut episcopum suos
15   caligantes fecisse uiderat. Sed illa temeritas non inpune euenit
illi. Nam sequenti nocte, cum menbra sopori dedisset, apparuit
ei quidam uultu incognitus, terribili comminatione dicens ad
eum: 'Qua temeritate presumpsisti exprobrare episcopo

34/7 *sanctorum uenerantur suffragia,* men implore the
help of the saints

35/4 *regule*: cf the Benedictine Rule 8

preterita nocte in legendo?' Cumque tremefactus se hoc fecisse
20 negaret, ille toruis intuens in eum luminibus ait: 'Non potes'
inquit 'me fallendo ludere, sicut estimas; sed hoc signum tuae
presumptionis habeas' — et haec dicens incussit uiolenter
ictum oculis eius digito suo, statimque dolor oculorum ualidus
secutus est, qui eum multis diebus uehementer affligebat,
25 donec satisfactione culpam deleret quam incaute in sanctum
uirum commisit.

**36. De candela quae episcopo obdormiente super folium
libri ardens iacuit et tamen paginam minime lesit**
Item accidit, cum famulus Christi nocturno tempore
lectioni operam daret, eum ob nimiam uigilantiam obdormisse,
5 et candelam ardentem de candelabro super librum in quo legerat
cecidisse. Quae ta<md>iu ardens super folium iacebat donec
unus frater, nomine Leofredus, adueniret. Qui festinus accepit
candelam adhuc flammantem de libro, et intuitus aspexit
279r2 fauillas ipsius / candele per multas lineas iacentes, et
10 <e>xsufflans eas inuenit paginam inlesam. Qua in re meritum
sancti uiri patuit, quia ardentem candelam flamma consumpsit
et tamen uim uirtutis suae ne paginam lederet amisit.

37. Quod non omnia uirtutum eius opera ualeant explicari
Haec Christo largiente breuiter retulimus ut et
presentes et futuros quosque fideles ad amorem et reuerentiam
tanti patris humili deuotione incitaremus. Ceterum non facile
5 nobis occurrit explicare quanta uel qualia sanctus Adelwoldus
sustinuerit pro monachorum defensione pericula, aut quam
benigno diligebat affectu studiosos et obedientes fratres, aut
quantum in structura monasterii elaboraret, aecclesiam
reparando aliasque domos edificando, aut quam peruigil erat in
10 orationibus, et quam deuote hortabatur fratres ad confessionis
remedium, aut quam multa milia animarum diabolo sub-
traxerit easque Deo redditas caelo intulerit. Sed ex his paucis
plura cognosci possunt quae a nobis enarrari nequeunt.

38. De arbore quadam magna cucullis innumeris onusta et de eius interpretatione quae in somnis sancto Dunstano olim fuerat ostensa

Oportebat namque impleri somnium quod Dunstanus
5   ille gloriosus et angelicus Anglorum gentis archiepiscopus
olim de eo se uidisse perhibebat. Nam cum adhuc esset abbas
monasterii Glastoniensis et sub eius regimine militaret omnipotentis Dei famulus Aðelwoldus, sicut supra narrauimus, uidit
in somnis, extra dormitorium positus, quasi quandam mire
10   celsitudinis arborem, quae ramos suos expandere uisa est ad
279v1   orientem et occidentem, septentrionem et meridiem, / super
uniuersam Britannie regionem mira longitudine et latitudine
extensam. Cuius arboris rami innumeris erant maioribus atque
minoribus cucullis onusti, ipsa uero arbor in summo cacumine
15   gestabat unam pregrandem cucullam, quae manicarum
uelamento supereminens protegebat ceteras et ingenti
proceritate supergrediens uniuersas ipsum contingebat caelum.
Vir autem Domini Dunstanus, super tali uisione uehementer
attonitus, interrogabat haec sibi demonstrantem canis angelicis
20   decoratum presbiterum, dicens: 'Queso, uenerande senior, que
est haec robusta et sublimis arbor cuius rami longe lateque
expansi tam innumerabiles cucullas sustinere cernuntur?' Cui
ille respondit: 'Arbor haec quam uides, abba Dunstanae,
situm designat huius insule: magna autem cuculla, quae in
25   huius arboris summitate erigitur, ipsa est monachi tui
Aðeluuoldi, qui in hoc monasterio deuote Christo famulatur;
relique uero cuculle, quibus hi rami uidentur onusti,
multitudinem designant monachorum qui eius eruditione
sunt instruendi et undique in hac regione ad omnipotentis Dei
30   seruitium congregandi, eiusque ducatu peruenturi sunt ad

38/7   *Glastoniensis,* of Glastonbury
    8 *supra*: 9/9
    9 *extra dormitorium*: it is not clear why Dunstan should
       have been sleeping outside; so perhaps, despite the
       grammar, the meaning is that he dreamed he was outside
       and saw the tree. The dream is inspired by that of
       Nebuchadnezzar in Dan. 4.

gloriam regni caelorum et ad societatem cum Christo
regnantium spirituum beatorum.' Quo accepto responso uir
sanctus euigilat, uisionem tacitus secum considerans, eamque
postmodum fideli relatione fidelibus indicans. Quae succedente
35   tempore fama uulgante multis innotuit et tandem ad nostrae
quoque paruitatis noticiam peruenit.

279v2

**39. De uisione uiri Dei in qua apparuit / ei nauis qu<e>dam
max<ima piscibus> et angu<illis plena>**

Naec minus et aliud oporteba<t impleri somp>nium
quod ipse uir Dei sanctus Aðelwoldus de se nobis quadam
5   uicae referebat, inquiens: 'Putabam me stare iuxta litus maris,
ubi mihi uidebatur adesse quedam maxima nauis, in qua
multitudo copiosa piscium, et maxime anguillarum, conclusa
tenebatur ab imo usque ad summum. Cumque mecum tacitus
cogitarem quid sibi uellet hoc somnium quod uidebam, repente
10   audiui uocem meo nomine me uocantem mihique dicentem:
"Aðeluuolde, Aðeluuolde, hoc tibi mandatum caelitus a Deo
missum est: Excita hos pisces, quibus haec nauis quam cernis
impleta est, et orationibus tuis effice ut sint homines, sicut
antea fuerunt." Cuius iussioni mox ego obtemperans steti pro
15   eis ad orationem, et lacrimarum imbre perfusus ingemiscens
dixi: "Domine Iesu, cui nichil est inpossibile, respice propitius
ad animas diabolica fraude deceptas, quae a sensu humane
rationis alienatae sunt et more bestiali in lubrico huius seculi
ceno miserabiliter inuoluuntur. Ne, queso, bone Iesu,
20   permittas ut de eis triumphans glorietur humani generis
inimicus, sed per tui nominis omnipotentiam resuscitentur ad
uitam, ut somnum aeternae mortis euadentes te uerum et
unicum mundi saluatorem cognoscant, et deinceps semper ad
tranquillum salutis tuae portum confugientes ab omnibus
25   mundi periculis eruantur et sub tua gubernatione secure
permaneant. Tuum <est> enim, Christe, mortuos uiuificare,
et imaginem tuam quam creasti in decorem suum pristinum
reformare, qui uenisti in hunc mundum peccatores saluos
280r1   facere, / et dira mortis <sup>plicia passus in cr<uce>

30 funde<r>e dignatus es sanguinem t<uu>m preciosum pro
salute omnium nostrum." Cum haec et his similia orationis
uerba conpuncto corde et spiritu humilitatis effunderem, ecce
quos antea pisces in luto fecis et in lacu miserie uideram
inuolutos, subito homines effectos et a morte resuscitatos
35 uideo, surrexitque de naui et perrexit festinanter ad terram
copiosa hominum multitudo, quorum multos specialiter
agnoueram: inter quos unus retrorsum cadens iterum in
anguillam uersus est, ille uidelicet Aðelstanus, qui mecum
presbiter quondam fuerat ordinatus, quem deinceps nullo
40 modo excitare nec ut homo fieret poteram efficere. Reliqui
uero omnes unanimiter leuauerunt uocem in caelum, manibus
plaudentes et gratias omnipotenti Deo referentes quia per eius
ineffabilem clementiam et per meae paruitatis aduentum
meruerunt a morte ad uitam reuocari et humane rationi quam
45 amiserant restaurari. Ego autem gaudens in Domino et
congratulans illis euigilo, hancque uisionem uobis, o filioli mei,
idcirco refero ut et uos cum bonorum operum cultu perseueretis
in sancto proposito quo per gratiam Dei possitis in eorum
numero computari qui mihi licet indigno commissi sunt, ut de
50 seculi huius cenolenta uoragine liberentur et in aeterna
beatitudine sine fine saluentur.' Haec quae notauimus somnia
tunc quidem uisa sunt: sed ex eo tempore usque hodie impleri
non cessant, dum quique diuino feruentes amore festinant
280r2 mundum relinquere / et cenobialem uitam ducere et dum
55 populares quique satagunt a malo declinare et bonum facere
et humiliter regi regum, Christo, colla subdere, quatinus et
monachi simul et laici sequentes sancti patris Eðeluuoldi
uestigia caelestis regni sempiterna mereantur adipisci gaudia.

**40. De ueteris aecclesiae noua dedicatione quae facta
est die XIII Kal. Nouembris**
Anno dominice incarnationis nongentesimo
octogesimo renouata et constructa est aecclesia ueteris cenobii,

39/33 *in luto*: Ps. 39:3; the biblical reminiscence explains why the
fish are for the moment no longer in the ship
38 *Aðelstanus*: see above, 8/7

5 nouem pontificibus eam sollempniter et cum magna gloria
dedicantibus: quorum primi et precipui arcem tenebant
Dunstanus archiepiscopus et ipse sanctus Adeluuoldus
episcopus, sub die XIII Kalendarum Nouembrium, in presentia
regis Aðelredi et in conuentu omnium pene ducum, abbatum,
10 comitum, primorumque optimatum uniuerse gentis Anglorum,
qui eandem biduo cum omni gaudio caelebrauerunt dedicationem.
Exinde superna pietas sancto pontifici tantam contulit
gratiam ut sullimes illi secularium potestatum principes, duces,
tyranni atque iudices et omnes qui ei hactenus contrarii et in
15 uia Dei resistere uidebantur subito uelut oues ex lupis
efficerentur et eum miro affectu uenerarentur, eiusque genibus
colla summittentes ac dexteram illius humiliter exosculantes
orationibus se uiri Dei in omnibus commendarent.

41. De obitu sancti patris in Kalendis Augusti et de sepultura eius in die III Nonarum mensis eiusdem

Eodem uero tempore quo sanctus antistes Aðeluuoldus
de hac mortali uita erat exiturus et laborum suorum premia a
5 Deo percepturus, uenit ad uillam que consueto nomine
280v1 Beaddingtun appellatur, / sexaginta milibus ab urbe Uuintonia
distans. Ibi ergo cum aliquandiu moraretur, acri coepit
infirmitate grauari, et sacrati olei liquore perunctus dominici
corporis et sanguinis perceptione exitum suum muniuit. Sicque
10 ualefaciens et dans pacem filiis suis inter uerba orationis
spiritum caelo reddidit in Kalendis Augusti, anno scilicet
dominice incarnationis nongentesimo octogesimo quarto,
episcopatus autem sui uicesimo secundo, regni moderamina
gubernante Aðeldredo rege Anglorum. Testati uero nobis sunt
15 qui ibi presentes aderant exanimae corpus sancti uiri subita

40/5 *nouem*: they are named, and the scene is further described,
in Wulfstan *Narratio de S. Swithuno* epist. 41-110 (written
out in the Alençon version of the Life)
8 *die*: 20 October 980
9 *Aðelredi*: see note on Aelfric **26/10**

41/1 The death was on 1 August 984, the burial on 4 August.
6 *Beaddingtun,* Beddington, Surrey

inmutatione fuisse renouatum, lacteo candore perfusum roseo-
que rubore uenustum, ita ut quodam modo septennis pueri
uultum pretendere uideretur, in quo iam quedam resurrectionis
gloria per ostensionem mutate carnis apparuit. Iam uero dici
20 non potest quanta ad exequias eius hominum multitudo con-
uenerit. Vndique certatim ex uicinis oppidis et castellis simul
in unum diuites et pauperes, ultimum uale pastori suo dicturi,
confluxerant. Omnes cum dolore et amaro animo sequebantur
feretrum incomparabili thesauro preciosum, sacrosanctis
25 aeuuangeliis et crucibus armatum, palliorum uelamentis
ornatum, accensis luminaribus et hymnis celestibus atque
psalmorum concentibus hinc inde uallatum. Quibus sequenti
die Uuintoniam ingredientibus, obuiam corpori tota simul
ciuitas unanimiter occurrit. Hinc querulentas turbas conspiceres
30 monachorum, inde pallida agmina uirginum; hinc audires in
excelso uoces psallentium clericorum, inde gemitum flentium
pauperum et ululatum uociferantium egenorum, qui, pastoris
280v2 sui presentia / se priuari non <sustin>entes, dabant infinitos
lacrimar<um> clam<ores> ad caelum. Perductus est ergo uir
35 Dei <cum> caelestibus exequiis in aecclesiam beatorum
apostolorum Petri et Pauli ad sedem suam episcopalem, et
expletis uigiliarum missarumque sollemniis sepultus est in
cripta ad australem plagam sancti altaris, ubi eum requiescere
debere, sicut ipse nobis retulit, olim sibi caelitus ostensum est.

**42.   Quomodo sanctus uir antequam leuaretur e tumulo
manifestauit se urbano cuidam Aelfhelmo plurima
cecitate multato**

Anno duodecimo post obitum gloriosi pontificis
5 Aðelwoldi placuit superne dispensationi illum per celestia
signa reuelari eiusque ossa de sepulchri munimine leuari, ut

41/37   *sollemniis*: observe the non-classical 2nd declension
form

42/1   For this miracle and that described in **44** see Wulfstan
Narratio de S. Swithuno epist. 285-96.

lucerna que ad tempus sub modio latebat super candelabrum
poneretur quatinus luceret omnibus qui in domo Dei sunt.
Est enim ciuitas quedam modica, commerciis abunde referta,
10 quae solito Uualingaford appellatur, in qua uir strenuus
quidam morabatur, cui nomen erat Aelfelmus, qui casu lumen
amittens oculorum cecitatem multis perpessus est annis. Huic
in somnis tempore gallicinii sanctus Aðelwoldus antistes
adstitit eumque ut maturius Uuintoniam pergeret et ad eius
15 tumbam gratia recipiendi uisus accederet ammonuit, dicens:
'Idcirco te in stratu tuo recubantem uisito et quae tibi uentura
sunt prenuntio ut per tuae salutis signum manifestetur quia
me oportet leuari de tumulo in quo iaceo.' Qui haec audiens
et uocem secum loquentis agnoscens sancto patri gratias egit
20 quod eum uisitare dignaretur; et quia ubi sepultus esset penitus
ignorauit, qualiter sepulchrum eius scire et adire potuisset
281r1 diligenter inquisi/uit: cui protin<us u>ir Dei nomen alumn<i
et monachi> sui innotuit, cuius <hactenus h>omo ille nescius
extiti<t, e>ique dixit: 'Cum festinus Uuintoniam perueneris
25 et ueteris cenobii aecclesiam intraueris, accersiri fac ad te
monachum quendam Uulstanum, cognomento Cantorem.
Hic cum ex ore tuo uerba meae legationis audierit, te mox
indubitanter ad meum perducet tumulum, ibique recipies
lumen oculorum tuorum.' Quid multa? Credulus uir ille uerbis
30 et promissionibus sacri pontificis Uuintoniam citius adiit,
aecclesiam intrauit, fratrem predictum accersiuit, accersitum-
que postulauit ut missatica beati patris impleret, narrans ei et
cunctis adstantibus ordinem uisionis. Erat enim uespera in qua
natiuitas sacratissime Dei genetricis et perpetuae uirginis Mariae
35 per totum mundum sollemniter et dignissime celebratur. Ille
uero frater admirans inter spem et timorem se medium posuit,
et uicino obedientiae pede iussis sancti pontificis humiliter

42/7 *lucerna*: cf Mt. 5:15
10 *Uualingaford,* Wallingford
34 *natiuitas*: 8 September
36 *inter spem et timorem*: cf Virg. *Aen.* 1.218
37 *uicino obedientiae pede,* with obedient foot (?)

40 obtemperans ad antrum sarcofagi perduxit cecum, qui pernox
ibidem in oratione permansit, et mane facto iam amplius
ductore non indigens ad propria cum gaudio reuersus est
uidens, corde et animo Dominum benedicens.

**43. De sancti presulis translatione quae facta est sub die
IIII Iduum Septembrium et de miraculis ad eius
sepulchrum patratis**

Haec reuelatio longe lateque diuulgata est, quae tam
5 euidenti miraculo fuerat comprobata. Exinde famulus Christi
predicto fratri Wlfstano et plerisque aliis per nocturnam
uisionem manifestus apparuit, illisque per haec et haec indicia
281r2 aperuit quia superne compla/ceret uoluntati eum de tumulo
transferri et digne in aecclesia collocari. Venerandus ergo
10 pontifex Aelfegus, successor eius, animo sagaci talia secum
pertractans, humillimas alacri corde Christo omnipotenti
gratias reddidit eo quod suo tempore dignaretur caelestibus
signis sanctum suum mirificare. Nec mora, fratrum cleri
plebisque multitudine congregata, reliquias sancti praesulis
15 Aðeluuoldi sub die IIII Iduum Septembrium honorifice
transtulit easque in choro aecclesiae collocauit, ubi in magna
ueneratione habentur usque in presentem diem, ubi etiam
nobis intuentibus celestia sunt perpetrata miracula, e quibus
duo breuiter ad firmitatis indicium perstrinximus.

44. De infirma puella quae ibi sanitatem recaepit

Erat eo tempore in Uuentana ciuitate puella quedam
paruula, cuiusdam Aðeluerði domestici uiri filia, quae nimis
infirmabatur et usque ad mortem pene torquaebatur. Haec a
5 matre deducta ad uiri Dei tumulum obdormiuit paululum.
Protinus euigilans sana surrexit et gaudens cum genitrice
domum rediit.

42/40 *ad propria,* homewards

43/1 *die*: 11 September

44/2 *Uuentana,* of Winchester

45. De quodam ceco puerulo qui et ipse ibidem illuminatus est

Puer etiam quidam paruulus, Aelfsini cuiusdam mansueti et modesti uiri filius, in ipsa infantia lumine est
5 priuatus, et maternis ulnis ad uenerandi patris Aðelwoldi sepulchrum perductus. Mirum dictu, mox caligo cecitatis abscessit, et oculos pueri ueniens splendor lucis aperuit, omni populo congaudente et tota deuotione Christo gratias agente.

46. De ligato quodam fure qui solo sermone uiri Dei absolutus est

Nec silentio pretereundum est quod predictus sancti
281v1 uiri suc/cessor, Aelfegus antistes, quendam furem pro multiplici
5 reatu flagellis cesum mitti iussisset in cippum acrioribus suppliciis cruciandum. Cumque diu sic in penis iacuisset dampnatus, quadam nocte uenit ad eum in uisione sanctus Dei pontifex Aðeluuoldus et ait illi: 'Miser, cur tanto tempore sic in trunco iaces extensus?' At ille recognoscens sanctum uirum,
10 quem sepe uiderat in uita mortali, respondit: 'Dignas, domine mi, sustineo penas, et iusto iudicio episcopi sic torqueor, quia sepe in furtis deprehensus sum et ab eis non cessaui, sed mala quae feci iterum atque iterum repetiui.' Tum sanctus 'Cessa' inquit 'uel modo, miser, a furtis, cessa, et sis solutus a nexu
15 compedis huius.' Surrexit ilico miser ille absolutus, et exiens inde uenit et procidit ante pedes Aelfegi episcopi, narrauitque ei rem gestam circa se per ordinem, et ille pro honore tanti patris siuit eum abire indemnem. Constat ergo sanctum hunc, aeternae uitae coniunctum, uirtute meritorum suorum posse
20 nos a peccatorum nostrorum uinculis soluere et ad caelestia regna perducere, cui adhuc in carne degenti caelitus est concessa potestas ligandi atque soluendi, prestante Domino nostro Iesu Christo, qui cum Deo coaeterno patrae et spiritu sancto uiuit et regnat Deus, per infinita secula seculorum.
25 Amen.

ABBO

Life of St. Edmund
from Ms Cotton Tiberius B.ii

2r   <Domino sanctae metropolitane> Dorobernensium aecclesiae
archiepiscopo Dunstano, uere moribus et aetate maturo, Abbo
Floriacensis monachus leuita, etsi indignus, a Christo Domino
irriguum superius et irriguum inferius.

5   Postquam a te, uenerabilis pater, digressus sum cum
multa alacritate cordis et ad monasterium quod nosti festinus
redii, coeperunt me obnixe hi cum quibus, fraterna karitate
detentus, hospitando hactenus degui pulsare manu sancti
desiderii ut mirabilium patratoris Eadmundi regis et martyris

10 passionem litteris digererem, asserentes id posteris profuturum,
tibi gratum, ac meae paruitatis apud Anglorum aecclesias non

2v inutile monimentum. Audierant enim quod / eam pluribus
ignotam, a nemine scriptam, tua sanctitas ex antiquitatis
memoria collectam historialiter me praesente retulisset domno

15 Rofensis aecclesiae episcopo et abbati monasterii quod dicitur
Mealmesbyri ac aliis circum assistentibus, sicut tuus mos est,
fratribus quos pabulo diuini uerbi Latina et patria lingua
pascere non desinis. Quibus fatebaris, oculos suffusus lacrimis,
quod eam iunior didicisses a quodam sene decrepito, qui eam

20 simpliciter et plena fide referebat gloriosissimo regi Anglorum
Aethelstano, iureiurando asserens quod eadem die fuisset
armiger beati uiri qua pro Christo martyr occubuit.

    Cuius assertioni quia in tantum fidem accommodasti
ut promptuario memoriae uerba ex integro reconderes quae

25 postmodum iunioribus mellito ore eructares, coeperunt fratres
instantius meae pusillitati incumbere ut eorum feruenti
desiderio satisfacerem ac pro uirium facultate tantorum operum
seriem perire non sinerem. Quorum petitioni cum pro sui

Preface 1   *Dorobernensium*: i.e. of Canterbury. Dunstan was
            archbishop from 960 to 988
     3   *Floriacensis,* of Fleury
     4   *irriguum ... inferius*: sc. *dat* (cf Iud. 1:15)
     6   *monasterium*: i.e. Ramsey
     8   *degui*: as though from *degeo* (a medieval form:
            see Thesaurus Linguae Latinae s.v. 384.47 ff)
    15   *Rofensis,* of Rochester
    16   *Mealmesbyri,* Malmesbury
    21   *Aethelstano,* king of Wessex and England, 924-39

reuerentia nollem contradicere, posthabitis aliquantulum
3r secularium litterarum studiis / quasi ad interiorem animae
phylosophiam me contuli dum eius qui uere phylosophatus est
in throno regni uirtutes scribere proposui: maxime tamen eas
quae post eius obitum saeculis inauditae factae sunt, quibus
nemo crederet nisi eas tuae assertionis irrefragabilis auctoritas
roborasset. Siquidem tu, cui nix capitis credi compellit, quando
referebas de ea quae nunc est incorruptione regis, quidam
diligentius requisiuit utrum haec ita esse possent. Cuius
questionis ambiguum uolens purgare, tu, uastae peritiae
sacrarium, pro exemplo adiecisti quod multo magis audientium
attonita corda concussit, quia sanctus Domini Cuthberhtus,
incomparabilis confessor et episcopus, non solum adhuc
expectat diem prime resurrectionis incorrupto corpore sed
etiam perfusus quodam blando tepore. Quod ego admirans pro
argumento habui quo tandem ad sancti regis gesta elucubranda
certior accessi, fidens de eius et tuis incomparibilibus meritis,
cui primitias mei laboris consecrans suppliciter obsecro ut uel
3v una die uertas michi tuum otium / in honestum negotium,
resecando hinc superflua, supplendo hiantia, quoniam ex ore
tuo praeter seriem ultimi miraculi omnia ueracem secutus
uerax digessi, exortans omnes ad amorem tanti martyris.
Vale pater in Christo.

1. <Asciti aliquando in Brittanniam> praecario munere in perniciosum auxilium tres Germaniae populi, hoc est Saxones, Iuti et Angli, primum Britonibus interdiu fuere praesidii. Qui cum sepius bello lacessiti se et suos defensarent

Preface 40 *Cuthberhtus,* prior and later bishop of Lindisfarne (died 687); the body was much travelled, but it had reached Durham by the end of the tenth century.

1/1 *asciti*: for this, see Bede *Hist. Eccl.* 1.15

3 *interdiu*: apparently meaning 'for some while'

4 *praesidii*: one would expect *praesidio* (Surius' emendation)
bello: against the Picts

5 fortiter, illi uero ignauiae operam dantes quasi prolaetarii ad
solam uoluptatem domi residerent, fisi de inuicta fortitudine
stipendianorum militum quos conduxerant, ipsos miseros
4r indigenas domo patriaque / pellere deliberant: factumque est.
Et exclusis Britonibus statuunt inter se diuidere uictores
10 alienigenae insulam, bonis omnibus fecundissimam, indignum
iudicantes eam ignauorum dominio detineri, quae ad
defensionem suam idoneis posset prebere sufficientem
alimoniam et optimis uiris. Qua occasione inducti orientalem
ipsius insulae partem, quae usque hodie lingua Anglorum
15 Eastengle uocatur, sortito [nomine] Saxones sunt adepti,
Iutis et Anglis ad alia tendentibus in quibus suae sortis funiculo
potirentur, ne esset cum sodalibus ullum de possessione
litigium, quibus suppeteret amplitudo terrae ad regnandi
emolumentum. Vnde contigit ut, per regiones et prouincias
20 diuisa, plurimis primum ducibus, deinde regibus sufficeret una
eademque Brittannia.

2. At predicta orientalis pars cum aliis tum eo nobilis
habetur quod aquis pene undique alluitur, quoniam a subsolano
et euro cingitur oceano, ab aquilone uero immensarum
paludum uligine, quae exorientes propter aequalitatem terrae
4v 5 a medi/tullio ferme totius Brittanniae per centum et eo
amplius milia cum maximis fluminibus descendunt in mare.
Ab ea autem parte qua sol uergitur in occasum ipsa prouincia
reliquae insule est continua et ob id peruia; sed ne crebra
irruptione hostium incursetur aggere ad instar altioris muri

1/5 *illi*: the British
11 *quae ad ...* : the word order is highly contorted, and
the text may be unsound
15 *Eastengle*: the name does not seem to have suggested to
Abbo that his account of the division might be mistaken
16 *sortis funiculo*: cf Esth. 13:17, Mich. 2:5, and especially
Ps. 77:54

2/9 *aggere*: probably the Devil's Dyke, which cuts across
the Icknield Way in Cambridgeshire (illustration in
P. Hunter Blair *An Introduction to Anglo-Saxon England*
(Cambridge 1956) 32)

10 fossa humo praemunitur. Interius ubere glebae satis admodum
loeta, ortorum nemorumque amoenitatae gratissima, ferarum
uenatione insignis, pascuis pecorum et iumentorum non
mediocriter fertilis. De piscosis fluminibus reticemus, cum
hinc eam, ut dictum est, lingua maris allambit, inde paludibus
15 dilatatis stagnorum ad duo uel tria milia spatiosorum in-
numerabilis multitudo preterfluit. Quae paludes prebent
pluribus monachorum gregibus optatos solitariae conuersationis
sinus, quibus inclusi non indigeant solitudine heremi; ex
quibus sunt sancti monachorum patris Benedicti caelibes
20 coenobitae in loco celebri hac tempestate.

3.   Sed ut ad propositum reuertamur: huic prouinciae
tam feraci, quam diximus Eastengle uocabulo nuncupari,
5r   praefuit sanctissimus deoque / acceptus Eadmundus, ex
antiquorum Saxonum nobili prosapia oriundus, a primeuo suae
5 etatis tempore cultor ueracissimus fidei Christianae. Qui
atauis regibus aeditus, cum bonis polleret moribus, omnium
comprouincialium unanimi fauore non tantum eligitur ex
generis successione quantum rapitur ut eis praeesset sceptrigera
potestate. Nam erat ei species digna imperio, quam serenissimi
10 cordis iugiter uenustabat tranquilla deuotio. Erat omnibus
blando eloquio affabilis, humilitatis gratia precluis, et inter
suos coaeuos mirabili mansuetudine residebat dominus absque
ullo fastu superbiae. Iamque uir sanctus praeferebat in uultu
quod postea manifestatum est diuino nutu: quoniam puer toto
15 conamine uirtutis arripuit gradum, quem diuina pietas prae-
sciebat martyrio finiendum.

4.   Nactus uero culmen regiminis, quantae fuerit in
subiectos benignitatis, quante in peruersos districtionis

2/10   *ubere glebae*: Virg. *Aen.* 1.531
   18   *quibus ...* : Abbo thinks especially of Ramsey, but
also of Ely and Peterborough. The phrase is modelled
on Sulpicius Severus *Vita S. Mart.* 10.4.

3/6   *atauis regibus aeditus*: Hor. *Od.* 1.1.1 (also employed
by Abbo in Patrologia Latina CXXXIX 470)

non est nostrae facultatis euoluere qui eius minima quo con-
ueniret sermone non possumus expedire. Siquidem ita
columbinae simplicitatis mansuetudine temperauit serpentinae
callidi/tatis astutiam ut nec antiqui hostis deciperetur
simulatione fraudulenta, nec malignorum hominum reciperet
contra iustitiam sententias, rem quam nesciebat diligentissime
inuestigans; gradiensque uia regia nec declinabat ad dexteram,
extollendo se de meritis, nec ad sinistram, succumbendo uitiis
humanae fragilitatis. Erat quoque egentibus dapsilis liberaliter,
pupillis et uiduis clementissimus pater, semper habens prae
oculis dictum illius sapientis: 'Principem te constituerunt?
Noli extolli, sed esto in illis quasi unus ex illis.'
        Cumque tam conspicuis in Christo et aecclesia
emineret bonorum actuum ornamentis, eius patientiam, sicut
et sancti Iob, aggressus est experiri inimicus humani generis,
qui eo bonis iustius inuidet quo appetitu bonae uoluntatis
caret.

    5.   Quocirca unum ex suis membris ei aduersarium
inmisit, qui omnibus quae habuerat undeunde sublatis ad
impatientiam (si posset) erumpere cogeret, ut desperans Deo
in faciem bene diceret. Fuit autem idem aduersarius Hinguar
uocabulo dictus, qui cum altero, / Ubba nomine, eiusdem
peruersitatis homine, nisi diuina inpediretur miseratione
conatus est in exterminium adducere totius fines Brittanniae.
Nec mirum, cum uenerint indurati frigore suae malitiae ab illo
terrae uertice quo sedem suam posuit qui per elationem
Altissimo similis esse concupiuit. Denique constat iuxta

4/3   *non est* ... : cf Sulpicius Severus *Vita S. Mart.* 10.1
       eius minima: his least qualities
  5   *columbinae* ... *serpentinae*: cf Mt. 10:16
  6   *antiqui hostis*: i.e. the devil
  9   *gradiensque* ... : cf Num. 21:22 with Deut. 2:27
13   *principem*: Eccli. 32:1
17   *inimicus*: i.e. the devil

5/4   *in faciem bene diceret*: cf Iob 1:11
  9   *qui*: i.e. Lucifer (Is. 14:14)

72

prophetae uaticinium quod ab aquilone uenit omne malum,
sicut plus aequo didicere, perperam passi aduersos iactus
cadentis tesserae, qui aquilonalium gentium experti sunt
seuitiam: quas certum est adeo crudeles esse naturali
15 ferocitate ut nesciant malis hominum mitescere, quandoquidem quidam ex eis populi uescuntur humanis carnibus,
qui ex facto Greca appellatione Antropofagi uocantur. Tales-
que nationes abundant plurimae infra Scithiam prope Hyper-
boreos montes, quae antichristum, ut legimus, secuturae sunt
20 ante omnes gentes, ut absque ulla miseratione pascantur
hominum cruciatibus qui caracterem bestiae noluerint circum-
6v ferre in frontibus. Vnde iam inquietando / Christicolas pacem
cum eis habere nequeunt: maxime Dani, occidentis regionibus
nimium uicini, quoniam circa eas piratycam exercent
25 frequentibus latrociniis. Ex eorum ergo genere predicti duces
Hinguar et Hubba Nordanimbrorum primitus aggressi ex-
pugnare prouinciam graui depopulatione totam peruagantur
ex ordine. Quorum pessimis conatibus nullus resistere potuit
ex prouincialibus quin multarentur merita supernae indignationis
30 ira, agente ministro iniquitatis Hubba: quem praeda facta
Hinguar reliquit ibi crudelitatis socium, et a boreali parte
orientali subito astans cum magna classe ad eius quandam
ciuitatem latenter appulit. Quam ignaris ciuibus introgressus
ignibus cremandam dedit, pueros senes cum iunioribus in

5/11 *uaticinium*: Ier. 1:14
12 *sicut ...* : 'as those who have experienced the savagery
of the northern peoples ... have learned all too well.'
perperam perhaps = 'to their cost'
17 *Antropofagi*: Abbo perhaps knew about them from
Isidore *Etymologiae* 9.2.132 (where they are in the
east). For the Hyperborean mountains see Isidore 14.8.7.
21 *qui caracterem ...* : cf Apoc. 20:4. It was thought that
the Antichrist would appear first in the East before
extending his sway to the whole world (Sulpicius
Severus *Dial.* 2.14.2).
24 *nimium uicini*: cf Virg. *Ecl.* 9.28
34 *pueros senes*: this sort of asyndeton is characteristic
of Abbo: cf below in ch. 9 *sumat consumat, caducum
fragile*. Descriptions of looted cities have a long history;
cf especially Virg. *Aen.* 2 passim and Gildas 24.

35 plateis ciuitatis obuiam factos iugulat, et matronalem seu
uirginalem pudicitiam ludibrio tradendam mandat. Maritus
cum coniuge aut mortuus aut moribundus iacebat in limine;
infans raptus a matris uberibus ut maior esset heiulatus
7r trucidabatur coram maternis / obtutibus. Furebat impius miles
40 lustrata urbe, ardendo ad flagitium quo posset placere tyranno,
qui solo crudelitatis studio iusserat perire innoxios.

6. Cumque iam multitudine interfectorum Achimeniam
rabiem non tantum exsaturasset quantum fatigatus in posterum
distulisset, euocat quosdam plebeios quos suo gladio credidit
esse indignos, ac ubi rex eorum tunc temporis uitam degeret
5 sollicitus perscrutator inuestigare studet. Nam ad eum fama
peruenerat quod idem rex gloriosus, uidelicet Eadmundus,
florenti aetate et robustis uiribus bello per omnia esset
strenuus: et iccirco festinabat passim neci tradere quos circumcirca poterat repperire, ne stipatus militum agmine ad
10 defensionem suorum posset rex sibi resistere, qui morabatur
eo tempore ab urbe longius in uilla quae lingua eorum
Haegilisdun dicitur (a qua et silua uicina eodem nomine
uocatur), existimans impiissimus, ut se rei ueritas habebat,
quia, quantos suus funestus satelles praeoccuparet ad
7v 15 interitum perducere, tantos, si dimicandum esset, / regius
occursus in exercitu contraheret minus. Classem quoque absque
ualida manu non audebat deserere, quoniam, uelut lupis
uespertinis mos est clanculo ad plana descendere, repetitis
quantotius notis siluarum latibulis, sic consueuit eadem
20 Danorum et Alanorum natio, cum semper studeat rapto uiuere,
numquam tamen indicta pugna palam contendit cum hoste,
nisi praeuenta insidiis, ablata spe ad portus nauium remeandi.

5/39 *impius miles*: Virg. *Ecl.* 1.70

6/1 *Achimeniam,* Persian
12 *Haegilisdun*: apparently Hellesdon in Norfolk
13 *existimans*: looking back to the subject of *festinabat*
15 *regius occursus*: i.e. the king, should he approach him

7.   Quapropter circumspectus plurimum, accito uno ex
commilitonibus, eum ad regem huiusmodi curarum tumultibus
expeditum dirigit, qui exploret quae sit ei summa rei familiaris,
inprouisum, ut contigit, querens subiugare tormentis si eius
5   nollet obtemperare feralibus edictis. Ipse, cum grandi comitatu
succenturiatus, lento pede subsequitur, et iniquae legationis
baiulo imperat ut timoris periculo nudus ita incautum adoriatur:
'Terra marique metuendus dominus noster Hinguar, rex
inuictissimus, diuersas terras subiciendo sibi armis, ad huius
8r   10   prouinciae / optatum litus cum multis nauibus hiematurus
appulit; atque iccirco mandat ut cum eo antiquos thesauros et
paternas diuitias sub eo regnaturus diuidas. Cuius si aspernaris
potentiam, innumeris legionibus fultam, tuo praeiudicio et
uita indignus iudicaberis et regno. Et quis tu, ut tante
15   potentiae insolenter audeas contradicere? Marinae tempestatis
procella nostris seruit remigiis, nec remouet a proposito
directae intentionis quibus nec ingens mugitus caeli nec crebri
iactus fulminum umquam nocuerunt, fauente gratia
elementorum. Esto itaque cum tuis omnibus sub hoc imperatore
20   maximo, cui famulantur elementa pro sibi innata clementia:
quoniam nouit piissimus in omni negotio parcere subiectis et
debellare superbos.'

8.   Quo audito rex sanctissimus alto cordis dolore
ingemuit, et ascito uno ex suis episcopis, qui ei erat a secretis,
quid super his respondere deberet consulit. Cumque ille
timidus pro uita regis ad consentiendum plurimis hortaretur
8v   5   exemplis, rex obstippo capite defigens / lumine terras paululum

7/3   *expeditum,* free
  6   *succenturiatus*: apparently = 'reinforced' (the word is
also used by Abbo in Patrologia Latina CXXXIX 461)
  16   *remouet*: sc. *nos*
  21   *parcere ...* : a favourite quotation of Abbo's from Virg.
Aen. 6.853; cf Patrologia Latina CXXXIX 473, 477

8/1   *alto cordis dolore*: cf *Aen.* 1.209
  5   *obstippo ... terras*: cf Persius 3.80

conticuit, et sic demum ora resoluit: 'O episcope, uiui ad id
peruenimus quod numquam ueriti sumus! Ecce barbarus aduena
districto ense ueteribus nostri regni colonis imminet, et
quondam felix indigena suspirando gemens tacet. Et utinam
10 inpresentiarum uiuendo quique gemerent ne cruenta cede
perirent, quatinus patriae dulcibus aruis, etiam me occumbente,
superstites fierent et ad pristinae felicitatis gloriam postmodum
redirent!' Cui episcopus 'Quos' inquit 'optas esse superstites
patriae cum iam hostilis gladius uix aliquem reliquerit in
15 plena urbe? Hebetatis securibus tuorum cadaueribus, te
destitutum milite ueniunt loris constringere. Quapropter, rex,
dimidium animae meae, nisi fugae presidio aut deditionis
infausto patrocinio praecaueas, hic statim aderunt tortores
quorum nefando obsequio poenas lues.' Ad haec rex
20 beatissimus 'Hoc est' ait 'quod desidero, quod omnibus uotis
antepono, ne supersim meis carissimis fidelibus, quos cum
9r   liberis et uxoribus in lecto eorum animas furando / perdidit
pyrata truculentus. Et quid suggeris? Ut in extremis uitae,
desolatus meo satellite, fugiendo inferam crimen nostrae
25 gloriae? Semper delatoriae accusationis calumniam euitaui,
numquam relictae militiae probra sustinui, eo quod honestum
michi esset pro patria mori: et nunc ero mei uoluntarius
proditor, cui pro amissione carorum ipsa lux est fastidio?
Omnipotens rerum arbiter testis assistit quod me seu uiuum
30 seu mortuum nullus separabit a caritate Christi, cuius in confessione baptismatis suscepi anulum fidei, abrenuntiato
Satana et omnibus pompis eius. Qua abrenuntiatione contigit
ut ad laudem et gloriam aeternae trinitatis tertio mererer

8/6   *ora resoluit*: Virg. *Georg.* 4.452
       uiui ... : Virg. *Ecl.* 9.22 ff; the speech begins with a
       string of Virgilian echoes that equate the plight of Edmund
       with that of the expropriated shepherds of *Ecl.* 1 and 9
9   *quondam felix*: *Ecl.* 1.74
11   *dulcibus aruis*: *Ecl.* 1.3
17   *dimidium animae meae*: Horace *Od.* 1.3.8
26   *honestum*: cf Horace *Od.* 3.2.13
31   *anulum fidei*: for the ring as a token of baptism see
       Tertullian *Pudic.* 9 and Ambrose *Poen.* 2.3.18
       abrenuntiato: cf Ambrose *De Sacramentis* 1.5

consecrari, delibutus ob conpendium perennis uitae sanctificati
35 chrismatis perunctione: primo quidem accepta stola lauacri
salutaris, secundo per confirmationem exhibitam maiusculo
pontificali signaculo, tertio ubi uestra et totius populi
communi acclamatione usus sum hac regni perfunctoria
9v potestate. Sicque unguento / misticae consecrationis tri-
40 pliciter irroratus, Anglorum reipublicae decreui plus prodesse
quam praeesse, aspernando subdere colla iugo nisi diuino
seruitio. Nunc simulata beniuolentia pretendit callidus suae
machinationis muscipulam, qua seruum Christi irretiri
deliberat, maxime cum promittit quod nobis largitas superna
45 concessit. Vitam indulget, qua necdum careo; regnum promittit, quod habeo; opes conferre cupit, quibus non egeo. Pro
his ergo nunc incipiam seruire duobus dominis, qui me sub
Christo solo uiuere, sub Christo solo regnare, presentibus
palatinis deuouerim?'

     9.   Tunc conuersus ad eum qui de conditione regni
locuturus ab impiissimo Hinguar fuerat missus 'Madefactus'
inquit 'cruore meorum mortis supplicio dignus extiteras; sed,
plane Christi mei exemplum secutus, nolo puras commaculare
5 manus, qui pro eius nomine, si ita contigerit, libenter paratus
sum uestris telis occumbere. Ideo pernici gradu rediens
festinus, domino tuo haec responsa perfer quantotius: Bene /
10r filius diaboli patrem tuum imitaris qui superbiendo intumescens
caelo corruit et, mendacio suo humanum genus inuoluere
10 gestiens, plurimos suae poenae obnoxios fecit. Cuius sector
praecipuus me nec minis terrere praeuales nec blandae
perditionis lenociniis illectum decipies, quem Christi institutis
inermem repperies. Thesauros et diuitias quas nobis hactenus
contulit propitia diuinitas sumat consumat tua insatiabilis

    8/34 *ob conpendium,* as a means of gaining
       35 *stola*: the white robe given after baptism (cf Ambrose
            De Mysteriis 34)
       38 *perfunctoria,* transitory. For the election of kings, see
            W. Stubbs *The Constitutional History of England*
            (Oxford 1874) I 135-6; in our passage *uestra* alludes
            to the bishops.
       47 *seruire*: Mt. 6:24
       49 *deuouerim*: at the coronation. For the oath see Stubbs I 146 ff.

15 auiditas: quoniam, etsi hoc corpus caducum fragile confringas
uelut uas fictile, uera libertas animi numquam tibi uel ad
momentum suberit. Honestius enim est perpetuam defendere
libertatem, si non armis, saltem iugulis, quam reposcere
amissam lacrimosis quaerimoniis: quoniam pro altero
20 gloriosum est mori, pro altero uero opponitur contumacia
seruilis. Quippe seruum quascumque domini conditiones
accepit acceptas seruare conuenit. Si eas quamlibet iniquas
respuit, reus maiestatis adiudicatur seruilibus suppliciis. Sed
esto, grauis est huius seruitutis usus: at grauior exulceratio /
10v 25 quae solet nasci ex huiusmodi infortunio. Siquidem, ut
nouerunt qui frequentius ratiocinando forensibus causis inter-
sunt, ex repugnantibus facta conplexionis consequentia,
certum est quia, si libertas petitur, procul dubio dominus suo
contemptu laeditur. Iccirco seu sponte seu inuitus de carcere
30 suo meus ad caelum euolet liber spiritus, nulla emancipationis
aut abalienationis specie contaminatus: quia regem diminutum
capite numquam, Danus, uidebis ad triumphum superuiuere.
Sollicitas me spe regni, interfectis omnibus meis, ac si michi
tam dira sit cupido regnandi ut uelim praeesse domibus uacuis
35 habitatore nobili et pretiosa supellectili. Vt coepit tua saeua
feritas, post famulos regem solio diripiat, trahat, expuat,

9/16 *uas fictile*: Eccli. 21:17, with e.g. Prov. 26:23
26 *ratiocinando*, drawing conclusions
27 *ex repugnantibus ... consequentia*: 'the consequences
of the dilemma being drawn from the conflicting evidence.'
For *complexio* = 'dilemma' see e.g. *Rhetores Latini
Minores* p. 253.6 Halm. For arguments *ex (re)pugnantibus*
e.g. Quintilian 5.10.74 (with the example 'qui est
sapiens stultus non est'). Here the 'conflict' seems to
be between the search for liberty and the reaction
of the superior.
28 *suo contemptu*: i.e. because of the lack of respect
shown him
33 *ac si*, as if. For *regnandi dira cupido* see Virg. *Georg.* 1.37
36 *expuat, colaphis caedat*: Abbo thinks of the treatment
of Christ (Mt. 26:67). The parallel is made explicit
in the next chapter.

colaphis caedat, ad ultimum iugulet. Rex regum ista miserans
uidet, et secum, ut credo, regnaturum ad aeternam uitam
transferet. Vnde noueris quod pro amore uitae temporalis
40   Christianus rex Eadmundus non se subdet pagano duci, nisi
prius effectus fueris compos nostrae religionis, malens esse
11r   signifer in castris / aeterni regis.'

10. Vix sanctus uir uerba compleuerat et renuntiaturus
miles pedem domo extulerat cum ecce Hinguar obuius iubet
breuiloquio utatur, illi pandens per omnia archana regis ultima.
Quae ille dum exequitur, imperat tyrannus circumfundi omnem
5   turbam suorum interius solumque regem teneant, quem suis
legibus rebellem iam cognouerat. Tunc sanctus rex Eadmundus
in palatio ut membrum Christi proiectis armis capitur, et
uinculis artioribus artatus constringitur, atque innocens
sistitur ante impium ducem, quasi Christus ante Pilatum
10   praesidem, cupiens eius sequi uestigia qui pro nobis immolatus
est hostia. Uinctus itaque multis modis illuditur, ac tandem
fustigatus acri instantia perducitur ad quandam arborem
uicinam. Ad quam religatus flagris dirissimis diutissime
uexatur, nec uincitur, semper Christum inuocando flebilibus
15   uocibus. Quare aduersarii in furorem uersi quasi ludendo ad
signum eum toto corpore sagittarum telis confodiunt, multi-
11v   plicantes acerbitatem cruciatus / crebris telorum iactibus,
quoniam uulnera uulneribus imprimebant dum iacula iaculis
locum dabant. Sicque factum est ut spiculorum terebratis
20   aculeis circumfossus palpitans horreret, uelut asper hereci us aut
spinis hirtus carduus, in passione similis Sebastiano egregio

10/2   *obuius ...* : 'met (the soldier) and told him to be brief
in expounding to him all the intimate details of the
king's last words'
5   *teneant*: the construction changes (contrast *circumfundi*)
11   *illuditur*: again like Christ (Mt. 27:31)
21   *Sebastiano*: cf *Acta S. Sebastiani martyris* (= Patrologia
Latina XVII 1056) 'Tunc iratus Diocletianus iussit eum
duci in medium campum et ligari quasi signum ad
sagittam, et iussit ut sagitarii eum figerent. Tunc
posuerunt eum milites in medio campo et hinc inde
eum ita sagittis repleuerunt ut quasi hericius ita esset
hirsutus ictibus sagittarum.'

martyri. Cumque nec sic Hinguar furcifer eum lanistis
assensum prebere conspiceret, Christum inclamantem iugiter,
lictori mandat protinus ut amputet caput eius. Ille seminecem,
25 cui adhuc uitalis calor palpitabat in tepido pectore, ut uix
posset subsistere, auellit cruento stipiti festinus, auulsumque
retectis costarum latebris praepunctionibus crebris ac si raptum
equuleo aut seuis tortum ungulis iubet caput extendere, quod
semper fuerat insigne regali diademate. Cumque staret
30 mitissimus, ut aries de toto grege electus, uolens felici
commertio mutare uitam saeculo, diuinis intentus beneficiis,
iam recreabatur uisione internae lucis, qua in agone positus
12r satiari cupiebat / attentius: unde inter uerba orationis eum
arrepto pugione spiculator uno ictu decapitando hac luce
35 priuauit. Atque ita duodecimo Kal. Decembr. Deo gratissimum
holocaustum Eadmundus igne passionis examinatus cum palma
uictoriae et corona iustitiae rex et martyr intrauit senatum
curiae caelestis.

    11.   Talique exitu crucis mortificationem quam iugiter in
suo corpore rex pertulit, Christi Domini sui secutus uestigia,
consummauit. Ille quidem purus sceleris in columna ad quam
uinctus fuit sanguinem non pro se sed pro nobis flagellorum
5 suorum signa reliquit; iste pro adipiscenda gloria immarcescibili
cruentato stipite similes poenas dedit. Ille integer uitae ob
detergendam rubiginem nostrorum facinorum sustinuit
benignissimus immanium clauorum acerbitatem in palmis et
pedibus; iste propter amorem nominis Domini toto corpore
10 grauibus sagittis horridus et medullitus asperitate tormentorum
dilaniatus in confessione patienter perstitit, quam ad
12v ultimum accepta capitali sententia finiuit. / Cuius corpus ita
truncum et aculeis hirsutum relinquentes, cum suo auctore
Dani, ministri diaboli, illud caput sanctum, quod non
15 impinguauerat peccatoris oleum sed certi misterii sacramentum,
in siluam cui uocabulum est Haeglesdun recedentes

10/35 *duodecimo*: 20 November (870)
  36 *examinatus*: cf e.g. Ps. 65:10

11/3, 6 *purus sceleris, integer uitae*: Horace *Od.* 1.22.1

asportauerunt, ac inter densa ueprium frutecta longius pro-
iectum occuluerunt, id omni sagacitate elaborantes ne a
Christianis, quos uix paucos reliquerant, sacratissimum corpus
20   martyris cum capite pro tumulantium modulo honestae
traderetur sepulturae. Huic autem spectaculo tam horribili
quidam nostrae religionis delitiscendo interfuit, quem sub-
tractum, ut credimus, paganorum gladiis diuina prouidentia
ad manifestandum huius rei indaginem reseruauit, licet
25   omnino ignorauerit quid de capite factum esset, nisi quod cum
eo carnifices Danos interiorem siluam petere conspexisset.

12.   Quamobrem, quantulacumque reddita aecclesiis pace,
coeperunt Christiani de latibulis consurgere, diligenti
13r   inquisitione satagen/tes ut caput sui regis et martyris inuentum
reliquo corpori unirent et iuxta suam facultatem condigno
5   honore reconderent. Siquidem paganis abeuntibus et de-
populationi quoquo locorum operam dantibus, illud corpus
sanctissimum, adhuc sub diuo positum, facillime est repertum
in eodem campo ubi rex occubuit, conpleto cursu sui
certaminis. Quo propter antiquam beneficiorum memoriam et
10   ingenitam regis clementiam populi undique gratuito confluentes
coeperunt mesto animo grauiter ferre quod caruissent tanta
corporis portione. Quorum animis superna inspirauit
benignitas, postquam audierunt illius uerba utilia qui tantae
uisionis, ut dictum est, particeps astiterat, ut collecta
15   plurimorum multitudine quaqua uersum per inuia siluarum
experirentur, si ad id loci deuenire contingeret quo uiri sancti
caput iaceret. Pro certo etenim omnibus uere sapientibus
inerat quod alienae sectae cultores, inuidendo nostrae fidei,
13v   sustulissent caput martyris, quod non longius / infra densitatem
20   saltus abscondissent, aut uili cespite obrutum aut auibus et
feris deuorandum. Cunque inito consilio omnes pari affectu
ad id concurrerent decreuerunt ut cornibus <uel> tubis
ductilibus singuli contenti essent, quatinus circumcirca per-
uagantes uocibus aut tubarum strepitu sibi mutuo innuerent,

12/6   *quoquo locorum,* all over the place

25 ne aut lustrata repeterent aut non lustrata desererent. Quod ut
factum est, res dictu mirabilis et saeculis inaudita contigit.
Quippe caput sancti regis, longius remotum a suo corpore, prorupit in uocem absque fibrarum opitulatione aut arteriarum
precordiali munere. Vispillonum sane more pluribus pede-
30 tentim inuia perlustrantibus, cum iam posset audiri loquens,
ad uoces se inuicem cohortantium et utpote socii ad socium
alternatim clamantium 'Ubi es?', illud respondebat designando
locum patria lingua dicens 'Her, her, her', quod interpretatum
14r Latinus sermo exprimit 'Hic, hic, / hic.' Nec umquam eadem
35 repetendo clamare destitit quoad omnes ad se perduxit.
Palpitabat mortuae linguae plectrum infra meatus faucium,
manifestans in se uerbigenae magnalia, qui rudenti asellae
humana conpegit uerba, ut increparet prophetae insipientiam.
Cui miraculo rerum conditor aliud annexuit dum caelesti
40 thesauro insolitum custodem dedit. Quippe immanis lupus eo
loci diuina miseratione est repertus, qui illud sacrum caput
inter brachia conplexus procumbebat humi, excubias impendens
martyri, nec sibi depositum permisit ledere quampiam
bestiarum, quod inuiolabile, solo tenus prostratus, oblita
45 uoracitate seruabat attentus. Quod stupefacti uidentes qui confluxerant, beatissimum regem et martyrem <Eadmundum>
illi uiro desideriorum iudicauerunt meritis similem qui inter
esurientium rictus leonum illesus spreuit minas insidiantium.

13. Assumentes ergo unanimi deuotione quam inuenerant
14v inestimabilis / pretii margaritam, cum profusis pre gaudio
lacrimarum imbribus retulerunt ad suum corpus, benedicentes
Deum in hymnis et laudibus, prosequente usque ad locum
5 sepulchri lupo, earundem reliquiarum custode et baiulo. Qui
eis a tergo imminens et quasi pro perdito pignore lugens, cum
neminem etiam irritatus laederet, nemini inportunus existeret,
nota dilectae solitudinis secreta illaesus repetiit, nec ulterius in
illis locis lupus specie tam terribilis apparuit. Quo tandem

12/36   *infra* = *intra* (a common Medieval Latin usage; so below
       15/12, 26)
37   *rudenti asellae*: Balaam's ass (Num. 22)
47   *illi uiro desideriorum*: i.e. Daniel (Dan. 9:23, 10:11).
       For the lions, see Dan. 14:30 ff.

10   recedente, cum summa diligentia et omni sagacitatis studio
aptantes, quibus creditum est, caput corpori sancto, pro
tempore tradiderunt utrumque pariter iunctum competenti
mausoleo. Qua etiam, edificata uili opere desuper basilica,
multis annis requieuit humatus, donec sedatis omnimodo
15   bellorum incendiis et ualida tempestate persecutionis, coepit
respirare religiosa pietas fidelium, erepta de pressuris
tribulationum. Quae ubi tempus oportunum inuenit,
deuotionem quam erga beatissimum regem et / martyrem
<Eadmundum> habuit operum exhibitione multipliciter
20   propalauit. Idem namque sanctus, sub uili tugurio sanctificate
domus, cuius esset apud Deum meriti crebris manifestabat
miraculorum signis. Quibus rebus permota eiusdem prouinciae
multitudo, non solum uulgi sed etiam nobilium, in uilla regia
quae lingua Anglorum Bedricesgueord dicitur, Latina uero
25   Bedricicurtis uocatur, construxit permaximam miro ligneo
tabulatu aecclesiam, ad quam eum ut decebat transtulit cum
magna gloria.

14.   Sed mirum dictu, cum illud pretiosum corpus
martyris putrefactum putaretur ob diuturnum spatium trans-
acti temporis, ita sanum et incolume est repertum ut non
dicam caput redintegratum et conpactum corpori sed omnino
5   in eo nichil uulneris, nichil cicatricis apparuerit. Sicque cum
reuerentia nominandus sanctus rex et martyr <Eadmundus>
integer et uiuenti simillimus ad praedictum locum est translatus, ubi adhuc in eadem forma / expectat beatae resurrectionis
gaudia repromissa. Tantum in eius collo ob signum martyrii
10   rubet una tenuissima riga in modum fili coccinei, sicut testari
erat solita quaedam beatae recordationis femina, Oswen
uocabulo dicta: quae paulo ante haec nostra moderna tempora
apud eius sacrosanctum tumulum ieiuniis et orationibus
uacans multa transaegit annorum curricula. Cui uenerabili

13/23   *uilla regia*: Bury (later Bury St. Edmunds)
   24   *Bedricesgueord*: *-gueord* = OE *geard* 'yard, enclosure'

14/10   *riga*, line (cf Niermeyer s.v.) rather than = *ruga*, crease

15 feminae aut diuina reuelatione aut nimia deuotione mos
inoleuit ut, patefacto beati martyris sepulchro quotannis in
dominica caena, eius attondendo precideret capillos et ungues.
Quae omnia diligenter colligens et in capsella recondens non
neglexit, quamdiu uixit, excolere mira affectione, posita super
20 altare eiusdem aecclesiae, ubi adhuc reseruantur debita
ueneratione.

15. Sed et beatae memoriae Theodredus, eiusdem
prouinciae religiosus episcopus, qui propter meritorum
prerogatiuam Bonus appellabatur, quod de incorruptione
sancti regis / diximus tali ordine est expertus. Cum, ut narrare
5 adorsi sumus, prefato loco martyris tumulationi congruo a
quibusque religiosis multa conferrentur donaria et ornamenta
in auro et argento pretiosissima, quidam malignae mentis
homines, omnis boni inmemores, agressi sunt sub nocturno
silentio eandem infringere basilicam latrocinandi studio.
10 Fuerunt autem octo, qui absque ulla reuerentia sancti
decreuerant satisfacere suae uesanae uoluntati rapiendo furtim
omnia quaecumque inuenissent sibi utilia infra eiusdem
monasterii septa. Vnde sumptis machinis et quibuslibet
utensilibus quibus ad id perficiendum habebant opus, quadam
15 nocte aggrediuntur premeditatum facinus, et stantes in atrio
aecclesiae diuerso conatu unusquisque instat conceptae
nequitiae. Quorum alius postibus scalam applicat, ut per
insertam fenestram se ingerat; alius cum lima aut fabrili malleo
instat serae aut / pessulo; alii cum uangis et ligonibus suf-
20 fossionem parietis machinantur. Sicque disposito opere, cum
singuli certatim insudant pro uirium facultate, sanctus martyr
eos ligat in ipso suo conamine, ut nec pedem loco possent
mouere nec arreptum officium deserere, sed alius cum sua
scala penderet sullimis in aere, alius palam incuruus fossor
25 fieret, qui ad id operis furtiuus uenisset. Interea quidam

16r

16v

15/1   *Theodredus,* bishop of London in the first half of
the tenth century; for his also controlling a see in
Suffolk v. D. Whitelock *English Historical Documents*
I (London 1955) 509-11
13   *unde,* so
25   *qui ... uenisset*: put in to contrast with *palam*

matriculariorum, qui infra basilicam iacebat, somno excitus
lecto procumbebat inuitus, quem martyris potentia suo conatu
uinxerat, ne, suis obuius factis mirabilibus, sonus fragoris
creber custodis pulsaret aures interius. Sed quid dicam non
30   posse surgere quando nec in uocem poterat erumpere?
Tandem mane adhuc persistentes fures in cepto opere con-
prehensi a pluribus traduntur uinculis artioribus, et tandem
predicti sancti episcopi Theodredi iudicio subduntur. Qui
impremeditatus sententiam dedit quam se dedisse postea /
17r 35   omni tempore uitae suae penituit. Nam omnes simul iussit
affigi patibulis, eo quod ausi fuissent atrium sancti <Eadmundi>
martyris furtiue ingredi, non reducens ad memoriam quod
Dominus per prophetam admonet: 'Eos qui ducuntur ad
mortem eruere ne cesses,' factum quoque Helisaei prophetae,
40   qui latrunculos de Samaria pastos pane et aqua remisit ad
propria, dicens regi, uolenti percutere ilico, quod non eos
coepisset in gladio et arcu suo; Apostoli etiam preceptum quo
dicit: 'Saecularia negotia si habueritis, contemptibiles qui
sunt in aecclesia' (id est, uiros saeculares) 'constituite ad
45   iudicandum.' Unde canonum auctoritas prohibet ne quis
episcopus aut quilibet de clero delatoris fungatur officio,
quoniam satis dedecet ministros uitae caelestis assensum
17v   prebere in mortem cuiuslibet / hominis. Quam ob rem predictus episcopus in se reuersus grauiter indoluit, et sibi
50   poenitentiam indicens diutius se in grauibus lamentis dedit.
Qua tandem peracta poenitentia, populos suae dioceseos

15/28 *obuius*: the sacristan rather than the *fragor*; the grammar
is a little astray
38 *eos qui*: Prov. 24:11
39 *Helisaei prophetae*: IV Reg. 6:18 ff
40 *ad propria,* homewards
42 *preceptum*: the force of *non reducens ad memoriam*
continues
43 *saecularia*: I Cor. 6:4
45 *canonum auctoritas*: so later Decretal. Gregor. IX lib.3
tit.50 cap.9 'Sententiam sanguinis nullus clericus dictet
aut proferat, sed nec uindictam sanguinis exerceat,
aut ubi exerceatur intersit.'

mandat, mandando conuocat, conuocando suppliciter per-
suadet ut triduano ieiunio a se diuinae indignationis iracundiam
remoueant, remouendo auertant: quatinus, sacrificio spiritus
55 contribulati placatus, Dominus illi suam gratiam concederet,
qua corpus beati martyris tangere et lauare auderet, qui, licet
tantis uirtutibus floreret in mundo, uili tamen et sibi incongruo continebatur mausoleo; factumque est, et illud
sanctissimi regis corpus, ante dilaceratum et truncum, ita ut
60 iam retulimus unitum et incorruptum repperit, tetigit, lauit,
et rursum nouis et optimis uestibus indutum ligneo / locello
reposuit, benedicens Deum qui mirabilis est in sanctis suis et
gloriosus in omnibus operibus suis.

16. Nec piget referre de quodam magnae potentiae
uiro, Leofstano uocabulo, qui, iuuenilis aetatis impetum non
refrenans, ad id flagitii lasciuiendo prorupit ut sibi quadam
singularis potentiae auctoritate preciperet ostendi corpus
5 tanti martyris. Cumque inhiberetur a pluribus, maxime tamen
a suis fidelibus, preualuit eius imperium, quoniam propter
arrogantiam suae nobilitatis omnibus erat terrori. Reserato
ergo locello astitit, aspexit, et eodem momento in amentiam
uersum tradidit illum Dominus in reprobum sensum, ac poena
10 sua didicit quia praesumpsisset quod non licuit. Quod
audiens pater eius, uir religiosus admodum, cui erat Aelfgarus
uocabulum, exhorruit facinus flagitiosissimum, ac martyri
gratias retulit, filiumque a se remouit. Qui tandem ad summam
inopiam perductus, iudicio Dei uitam finiuit, uermibus con-
15 sumptus. Sicque sanctus rex et martyr <Eadmundus>
omnibus innotuit / non se esse inferiorem meritis Laurentii
beati leuitae et martyris, cuius corpus, ut refert beatus pater

15/52 *mandat, mandando*: for this figure, cf below *remoueant,*
remouendo and in the preface to Abbo's *Quaest. Gramm.*
(Patrologia Latina CXXXIX 521) 'perlegendo discutiat,
discutiendo perlegat.'
54 *sacrificio*: Ps. 50:19
57 *incongruo*: apparently the body, though now placed in
a church befitting it, still had an unsatisfactory tomb
62 *mirabilis*: Ps. 67:36

16/9 *tradidit*: Rom. 1:28

Gregorius, cum quidam seu digni seu indigni leuare uolentes
conspicerent, contigit ut septem ex eis ibidem subita morte
20   perirent. O quanta reuerentia locus ille dignus existit qui
sub specie dormientis tantum Christi testem continet, et in
quo tantae uirtutes fiunt et factae esse referuntur, quantas hac
tempestate apud Anglos nusquam alibi audiuimus! Quas ego
breuitatis studio pretereo, ne alicuius fastidiosi offensam
25   incurrem iusto prolixior, credens ista posse sufficere quae
dicta sunt ardenti desiderio eorum qui preter Deum huius
martyris patrocinio nil preferunt. De quo constat, sicut et de
aliis sanctis omnibus iam cum Christo regnantibus, quod, licet
eius anima sit in caelesti gloria, non tamen per uisitationem
30   die noctuque longe est a corporis presentia, cum quo pro-
meruit ea quibus iam perfruitur beatae immortalitatis gaudia.
19r   Nam dum in aeterna patria ei / iungitur qui ubique totus est,
de eo habet posse quicquid habuerit et uelle, preter id solum
quod infatigabili desiderio concupiscit ut per resurrectionem
35   circumdetur stola demutatae carnis, quoniam tunc erit per-
fecta beatitudo sanctorum cum ad id fuerit Christo largiente
peruentum.

    17.   Sed de hoc sancto martyre estimari licet cuius sit
sanctitatis in hac uita, cuius caro mortua prefert quoddam
resurrectionis decus sine sui labe aliqua, quandoquidem eos
qui huiuscemodi munere donati sunt extollant catholici patres
5   suae relationis indiculo de singulari uirginitatis adepto

    16/18   *Gregorius*: see Patrologia Latina LXX 701-2
        25   *prolixior*: the brevity common-place (Curtius *European
           Literature* 487 ff)
        33   *de eo* ... : 'from him he has the power of being able
           to do whatever he wishes'

    17/5   *suae* ... : 'in their books concerning the attainment of
          the exceptional privilege granted to virginity' (?).
          Incorruption is related of many saints; cf at random
          St. Jerome's account of the translation of St. Hilarion
          – the body was still 'quasi adhuc uiueret integro tantis-
          que fragrante odoribus ut delibutum unguentis putares'
          (Patrologia Latina XXIII 52) – and especially Bede
          Hist. Eccl. 4.17 'Nam etiam signum diuini miraculi,
          quo eiusdem feminae sepulta caro corrumpi non potuit,
          indicio est quia uirili contactu incorrupta durauerit.'

priuilegio, dicentes quod iusta remuneratione etiam hic
gaudent preter morem de carnis incorruptione qui eam usque
ad mortem seruauerunt, non sine iugis martyrii ualida per-
secutione. Quid enim maius sub caritate Christianae fidei
10 quam adipisci hominem cum gratia quod habet angelus ex
natura? Vnde diuinum oraculum quasi singulari quodam dono
19v repromittit quod uirgines se/quentur agnum quocunque ierit.
Considerandum igitur quis iste fuerit, qui in regni culmine,
inter tot diuitias et luxus saeculi, semet ipsum calcata carnis
15 petulantia uincere studuit, quod eius ostendit caro in-
corruptibilis. Cui humano obsequio famulantes satagant illi
ea placere munditia quam ei perpetuo placuisse manifestant
membra incorrupta, et, si non possunt uirgineo flore
pudicitiae, saltem expertae uoluptatis iugi mortificatione.
20 Quoniam si illa sanctae animae inuisibilis et illocalis prae-
sentia alicuius famulantium spurcitia offendatur, timendum
est quod propheta terribiliter comminatur: 'In terra
sanctorum iniqua gessit, et ideo gloriam Domini non uidebit.'
Cuius terrore sententiae permoti huius sancti <Eadmundi>
25 regis et martyris imploremus patrocinium, ut nos cum sibi
digne famulantibus expiet a peccatis quibus meremur
supplicium, per eum qui uiuit et regnat in saecula saeculorum.
Amen.

17/12 *uirgines*: Apoc. 14:4
22 *in terra*: Is. 26:10

TEXTUAL NOTES

Aelfric

In the following notes, *P* signifies the unique codex (Parisinus latinus 5362), *Stevenson* and *Boll.* the two previous editions of this Life.

Incipit   *P unclear*
1/9   tradantur *Boll.* : tradentur *P*
Explicit   explicit *Stevenson* : explicicit *P*
2/7   est sibi *P before correction*
2/12   uideretur *Boll.* : uideret *Stevenson* : *P (at least in microfilm) is unclear*
4/3   sedente *Stevenson* : sedenti *P*
5/13   *Boll. supply* in *before* alia, *perhaps rightly*
7/3   imbuendi se *Boll.* : imbuendi seu *P* : se imbuendi seu *Stevenson*
12/2   morigerati *Stevenson* : morierati *P*
12/3   *P gives* uel illorum *above* eorum
15/7   *P gives* uel illius *above* eius (*after* uiscera)
23/2   iussisset *Boll.* : iusset *P* : iussit *Stevenson*
26/9   *A modern hand has written* 3 Kal. Aug. *in the margin; but Aelfric's date, if not his grammar, is correct (see Wulfstan* **41/11***)*
27/2   *Boll. supply* est *after* ammonitus, *perhaps rightly*

Wulfstan

Words or parts of words illegible in the manuscript primarily employed (*T* = Cotton Tiberius D.iv) have been signalled in the text by angle brackets but are not listed in the following notes. These supplements have been made by the editor from *N* (Cotton Nero E.i), except in the case of the chapter titles,

where the separate list (*Tc*) of these titles in *T* itself has been
(with caution) employed. My notes, besides drawing attention
to passages where *T* is certainly wrong, give a selection of
others where the agreement of *N* with *A* (Alençon 14) against
T shows that *T*'s reading, though not intolerable, is not what
the author wrote.

Preface 20 tradatur *T (?)* : traderetur *NA*
5/1 et *Tc* : *omitted by T*
7/9 a sapientibus *NA* : aspicientibus *T*
8/2 sacerdotibus *Tc* : sacerditibus *T*
9/9 postmodum *NA* : postimodum *T*
9/24 cotidiano *NA* : cotidianum *T*
10/4 postquam *NA* : plusquam *T*
10/22 aliene *N(A)* : alienos *T*
11/2 susceperit *A* : susciperit *T* : *the word is not clear in Tc*
11/5 delectationem *T* : dilectionem *NA*
11/17 *N, A and Aelfric agree in giving a third name after* Foldbirthus (Fridegarus *N*)
12/1 uenerit *Tc* : *omitted by T*
12/11 *After* ydromellum *both Aelfric and A have words omitted in N and T* : clausis diligenter *(this word omitted by Aelfric)* foribus ne quis fugiendo potationem regalis conuiuii deserere uideretur
13/5 *Above* VIIII *the scribe of T added* nono
14/3 fratre *Tc* : frater *T*
14/6 aliqua *(followed by an erasure) T* : aliquot *NA*
14/34 abbas *A* : abba *TN*
15/4 edificator *N(A)* : edficator *T*
15/6 ut eum ... posset extinguere *T* : ut eum si ... posset extingueret *NA*
19/23 *After* potest, *NA give* qui semper omnia potest
19/30 diuersas *T* : diuersas gentis *NA*
20/7 *Opposite this line there is a marginal gloss* m<o>nacus
22/2 anglice *NA* : angilce *T*

22/6	prefecit *NA* : perfecit *T*
	prefuit *T* : obseruatur *NA*
24/4	giruiorum *T* : giruiorum pretio *N(A)*
26/5	decenter *T* : decentissime *NA*
30/2	sustinuerit *ed.* : sustin] *T* : perpessus fuerit *Tc*
32/14	turbatus *NA* : turbatur *T*
33/14	est *NA* : *omitted by T*
33/37	uocabulo *N* : uocab lo *T* : nomine *A*
34/4	una cum artificibus *NA* : *omitted by T*
34/11	a summis *NA* : assummis *T*
34/19	incolumem *NA* : in columen *T*
35/20	*This intrusive* ait *does not appear in N or A*
37/5	*T wrote* qualis, *corrected to* qualia *by a later hand*
38/22	expansi *NA* : expa si *T*
39/1	ei *Tc* : et *T*
	The title as given in Tc is longer; I have given as much as there seems room for in T
39/18	*T wrote* librico, *corrected to* lubrico *by a later hand*
39/21	tui *T* : tui sancti *NA*
39/29	cruce *A* : cr[*T* : crucem *N*
39/51	somnia *(N)A* : omnia *T* (?)
40/10	comitum *NA* : com.mitum *T*
41/4	premia *NA* : primia *T*
41/11	*Neither N nor A gives* scilicet
41/16	perfusum *NA* : prefusum *T*
41/29	querulentas *T* : eiulantes *NA*
46/5	iussisset *T* : iussit *NA*
46/14	miser *NA* : mser *T*

Abbo

In the following notes, *T* signifies the Cotton manuscript
Tiberius B.ii, and *C* the Copenhagen manuscript Gl. kgl. S. 1588.

Preface 1 *The first three words were never written in by the
rubricator of T; they are supplied from C*

1/1	*The first four words were never written in by the rubricator of T; they are supplied from C*
1/7	stipendianorum *T* : stipendiariorum *Digby 109 (the usual word)*
1/13	et (*before* optimis) *omitted by C*: *but this hardly eases the construction*
1/15	nomine *T* : *omitted by C*
2/2	quoniam *the late corrector of T* : quom *T*
6/3	distulisset *Lambeth 362* : detulisset *TC*
6/19	notis *Lambeth 362* : noctis *TC*
8/5	lumine terras *T* : lumina terris *corrector of T*
8/27	pro (*before* patria) *T* : pro fide et *corrector of T*
8/37	uestra *Digby 109* : nostra *TC*
8/43	irretiri *TC* : irretire *corrector of Lambeth 362 (a simpler construction)*
9/1	de *supplied by the corrector of T*
9/12	lenociis *T before correction*
10/2	cum *C* : cui *T*
10/11	uictus *T before correction*
10/36	Eadmundum *T before correction*
12/22	uel *C* : *omitted by T*
12/41	loci *C* : lici *T*
12/46	Eadmundum *supplied from C, the rubricator defaulting in T; parallel cases at* **13/19, 14/6, 15/36, 16/15, 17/24**
13/13	qua *T* : quo *C*
15/27	suo *T* : in suo *C*
15/35	penituit *omitted by the first hand of T*
15/50	in (*before* grauibus) *seems superfluous, and was omitted by Surius*
15/56	lauare *T* : leuare *C*
15/61	obtimis *T before correction*
16/1	piget *C* : piger *T*
16/9	dominus *T* : deus *C (so the Vulgate)*
17/7	morem *Digby 109* : mortem *TC*

GLOSSARY

References are by chapter and line to **A**(elfric's Life of St. Ethelwold), **W**(ulfstan's Life of St. Ethelwold) and (Abbo's Life of St.) **E**(dmund).

anaphus cup **A15/6**
archipresul archbishop **W20/8**
basileus king **W16/5**
blasphematores (-ator) blasphemer **A12/8, W16/19**
caldarium cauldron **A10/14, W14/26**
capitulo (-lum) chapter meeting (*mon.*) **A22/3, W33/14, 26**
cappa hooded cloak **A22/12**
cassatos (-tus) unit of area, approximately equal to a hide
     A7/11, 8/2, etc.
cenobialem (-alis) monastic **W39/54**
choro (-rus) choir (*eccl.*) **W43/16**
conuersationem (-atio) monastic life **A14/6, E2/17**; way of
     life **W7/4**
curtis homestead, court **E13/25**
decapitando (-tare) behead **E10/34**
disposuit (-pono) intend **A7/2, W10/15**
districtionis (-tio) strictness **E4/2**
dominica Sunday **W16/11**
gratulanter gladly **W24/21**
historialiter as a true story **E pr./14**
impremeditatus without forethought **E15/34**
innotuit (-notescere) make known **W42/23, E16/16**
inreuerberata (-atus) unaverted **W3/14**
mandras (-ra) 'flock' (*mon.*) **W22/4**
mansas (-sa) unit of area **A7/10, W11/9**
matriculariorum (-arius) sacristan **E15/26**
medonem (medo) mead **A8/12**
migrationem (-atio) death **A1/6**

missatica (-icum) errand **W42/32**
monachilem (-ilis) monastic **A5/9, 7/1, W8/7**
monastici (-icus) monastic **A6/5, W9/11**, etc.
monialibus (-ialis) nun **A18/11, 19/5**
morigerati (-atus) virtuous **A12/2**
namque indeed (with no force of 'for') **A10/12**, etc.
nonnarum (-na) nun **A17/3, W22/1**
oboedientiam (-ia) act of 'obedience' (*mon.*) **A10/16, W14/29**
precordiali (-alis) around the heart **E12/29**
prepositum (-tus) prior **W23/17**
presulis (-sul) bishop **A27/5**
preuidere oversee **A10/8, W14/19**
querulentas (-tus) mournful **W41/29**
regulares (-ris) according to 'Rule' (*mon.*) **A10/3, 4, W14/13**
regulariter according to 'Rule' (*mon.*) **A7/14, W11/15**
reluctatione (-atio) struggle **W3/5**
seu and **A6/8**, etc.
sigillata (-lare) seal (but see n. ad loc.) **W21/5**
stipendianorum (-ianus) mercenary soldier (probably error
    for -ariorum) **E1/7**
suatim after their manner (rather than 'swinishly') **A8/16**
tonsoratus (-are) tonsure **A5/6, W7/12**
trunco (-cus) stocks **A28/5, W46/9**
tumulationi (-atio) burial **E15/5**
ualefaciens (-cere) say goodbye **W41/10**
uigilia eve (*eccl.*) **W16/10**; (*plur.*) nocturns (*mon.*) **W35/4**
uispillonum (-illo) apparently = **uispilio**, robber **E12/29**
ultramarinas (-nus) overseas **A7/2, W10/18**
undeunde from all sides **E5/2**
ydromellum mead **W12/11**